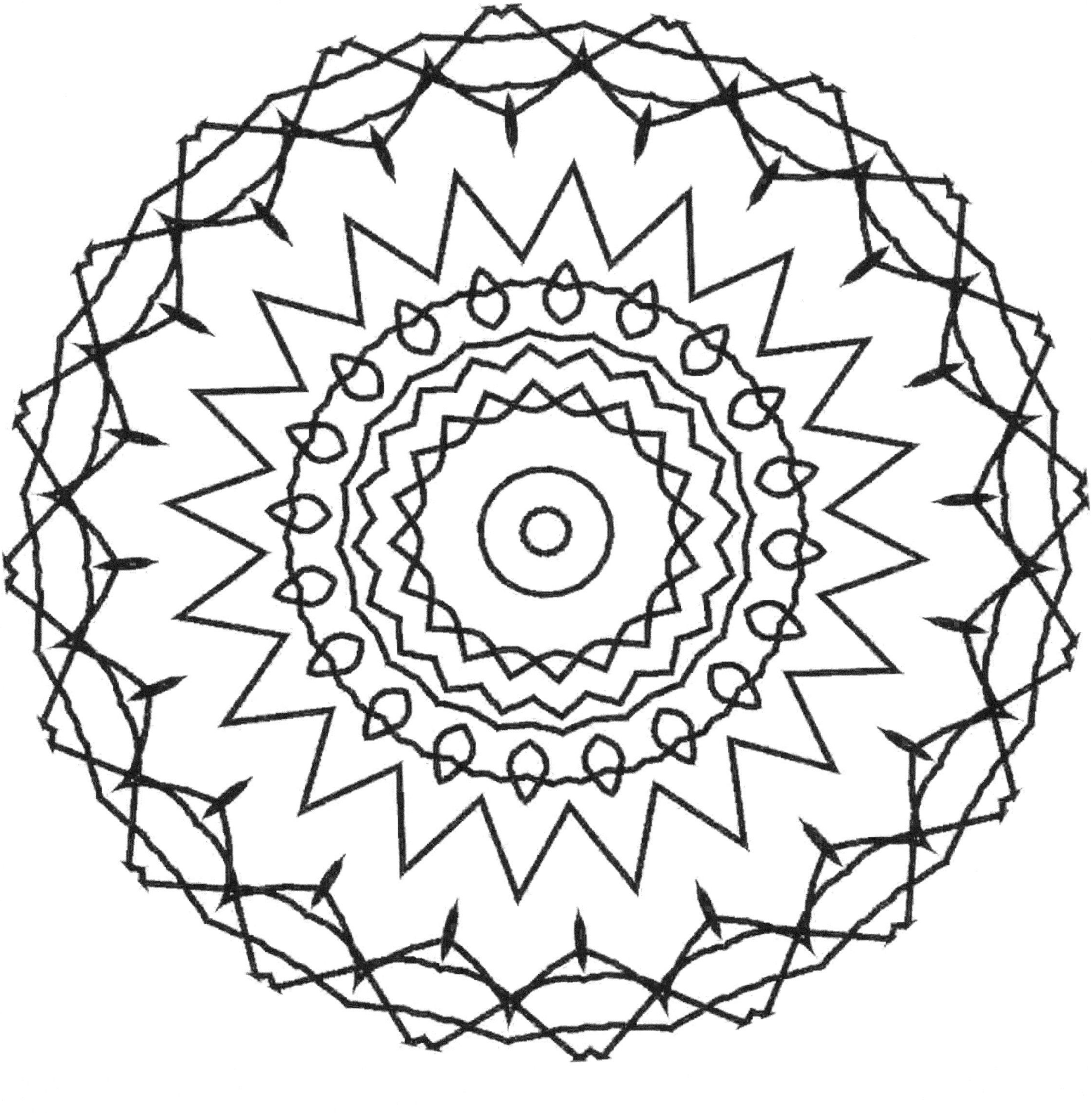

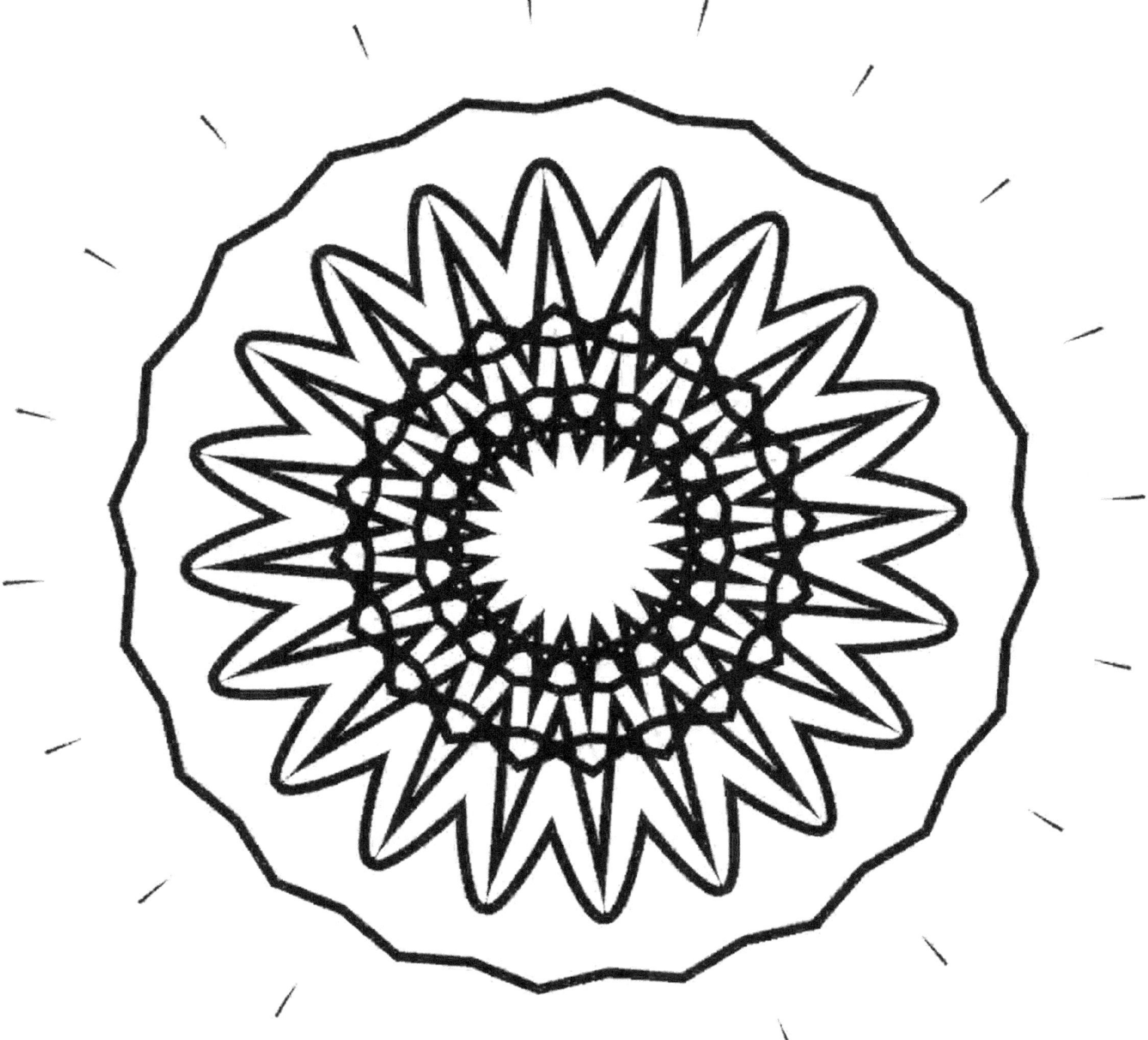

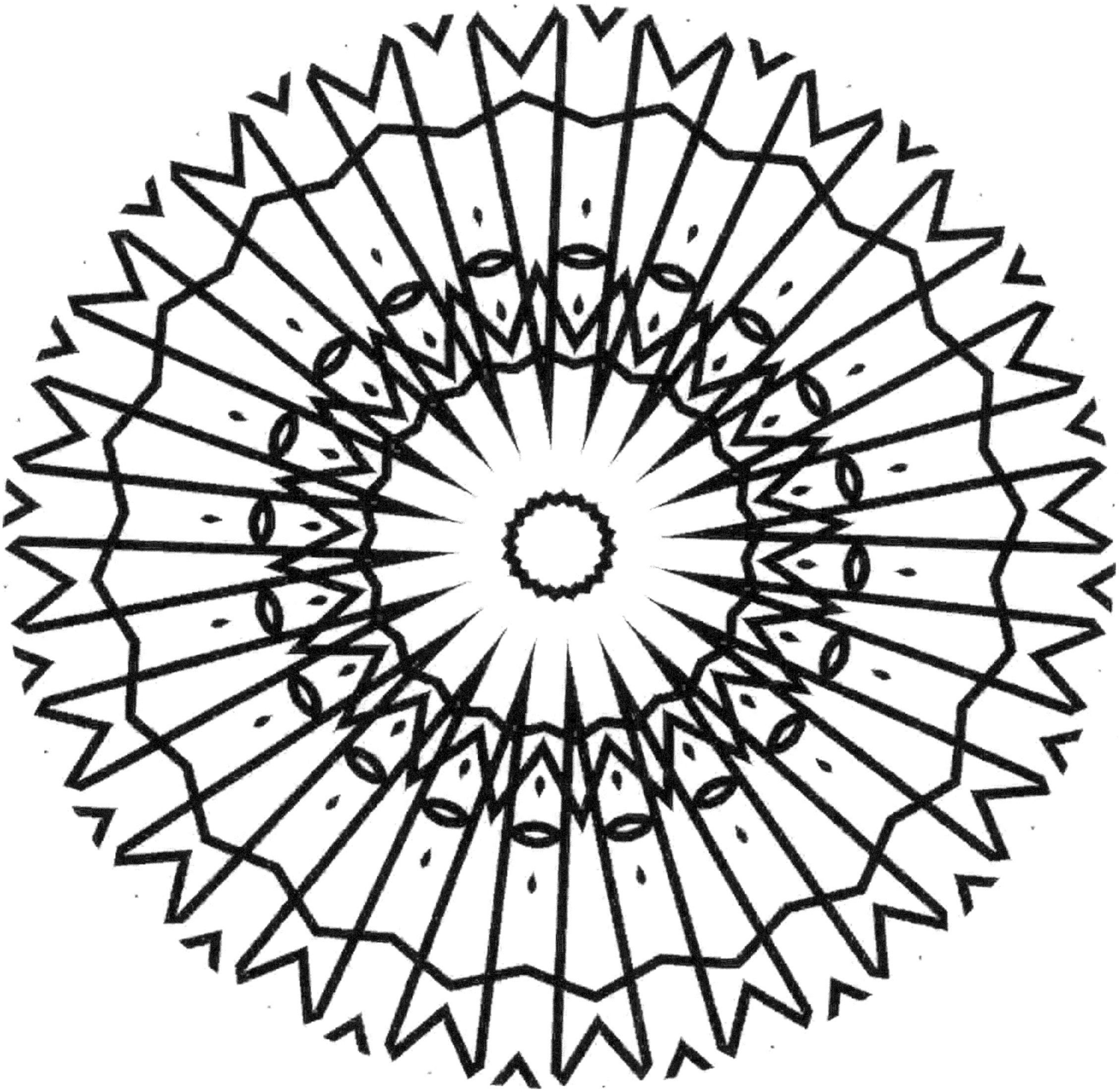

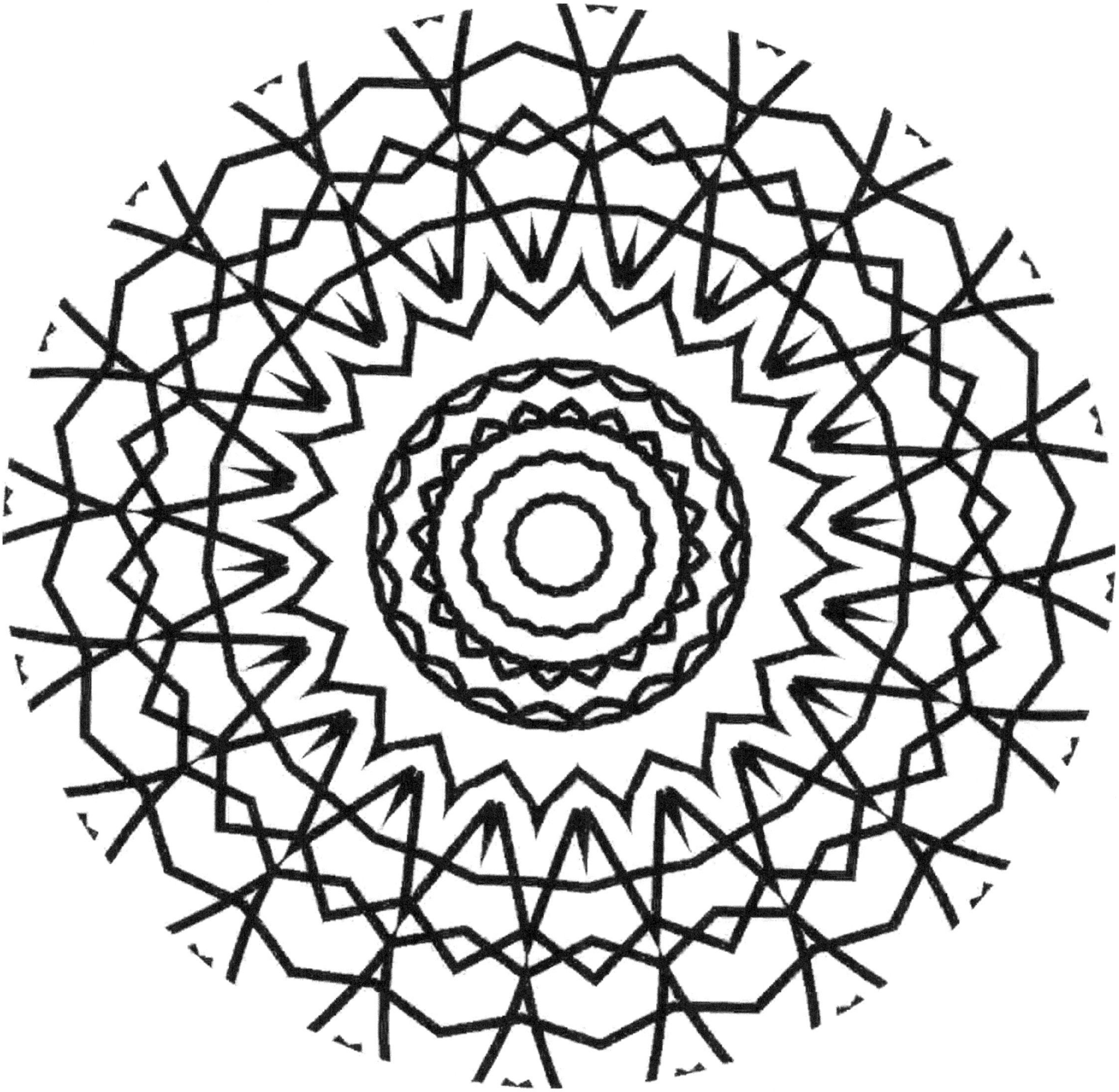

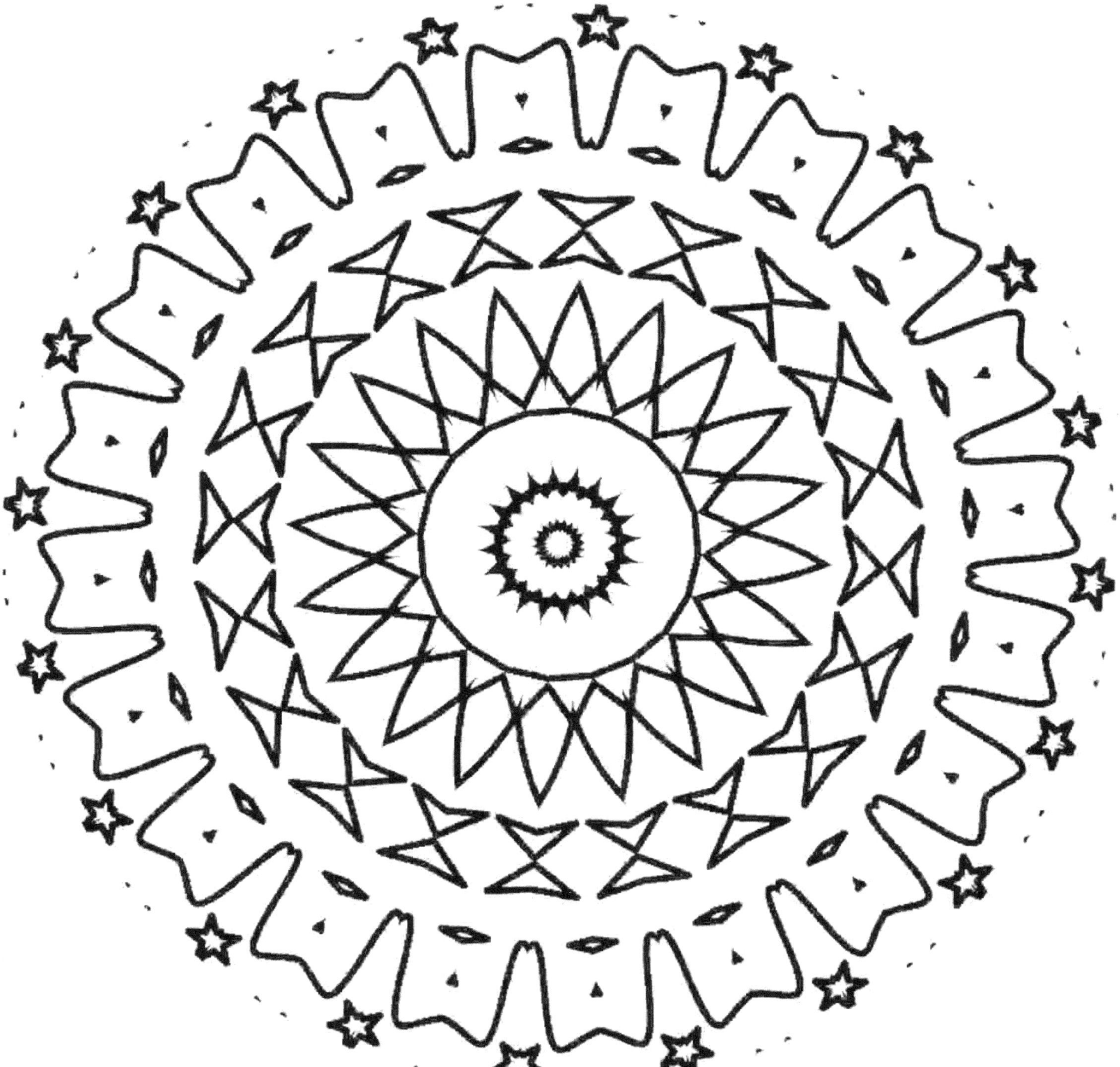

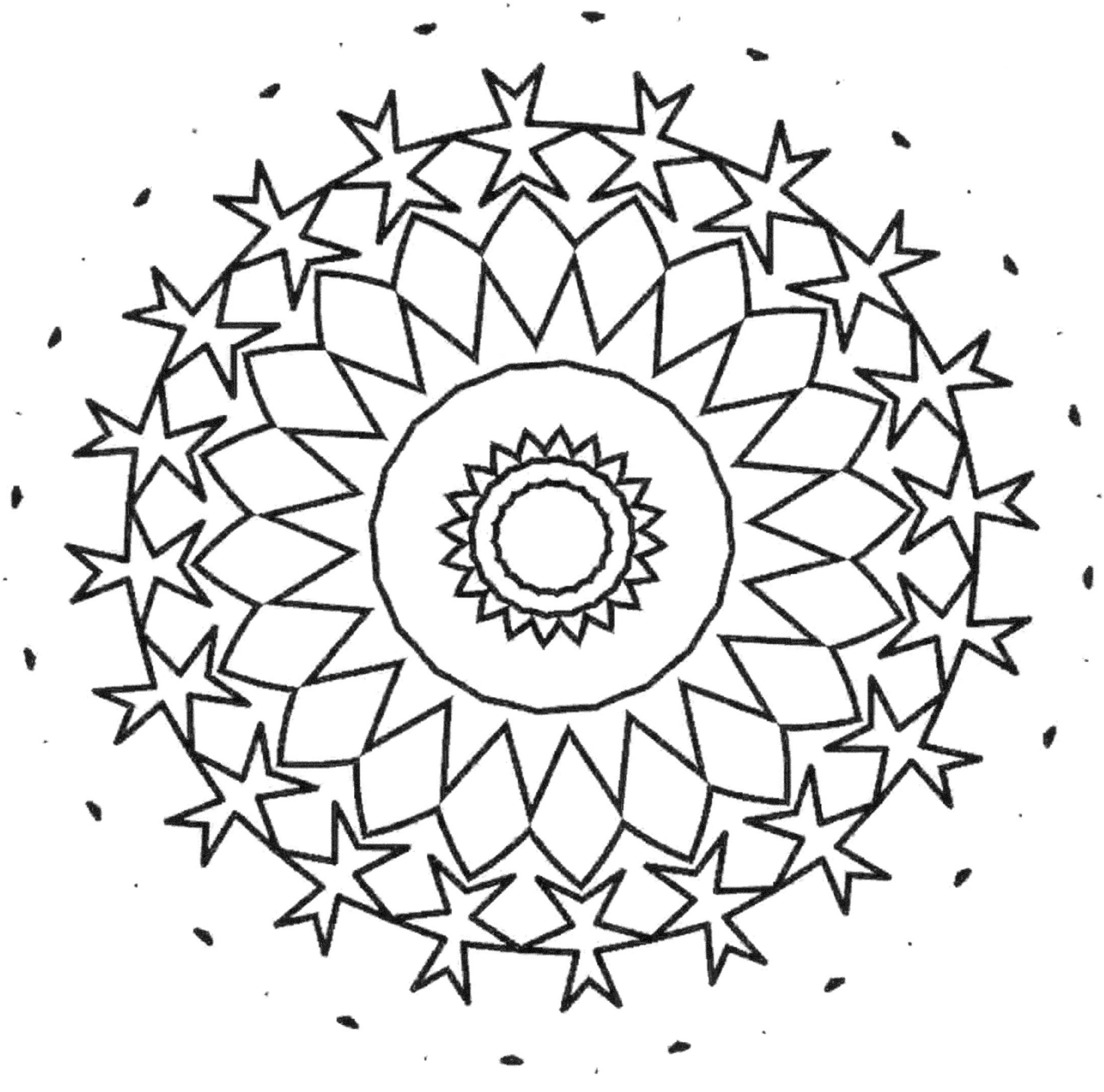

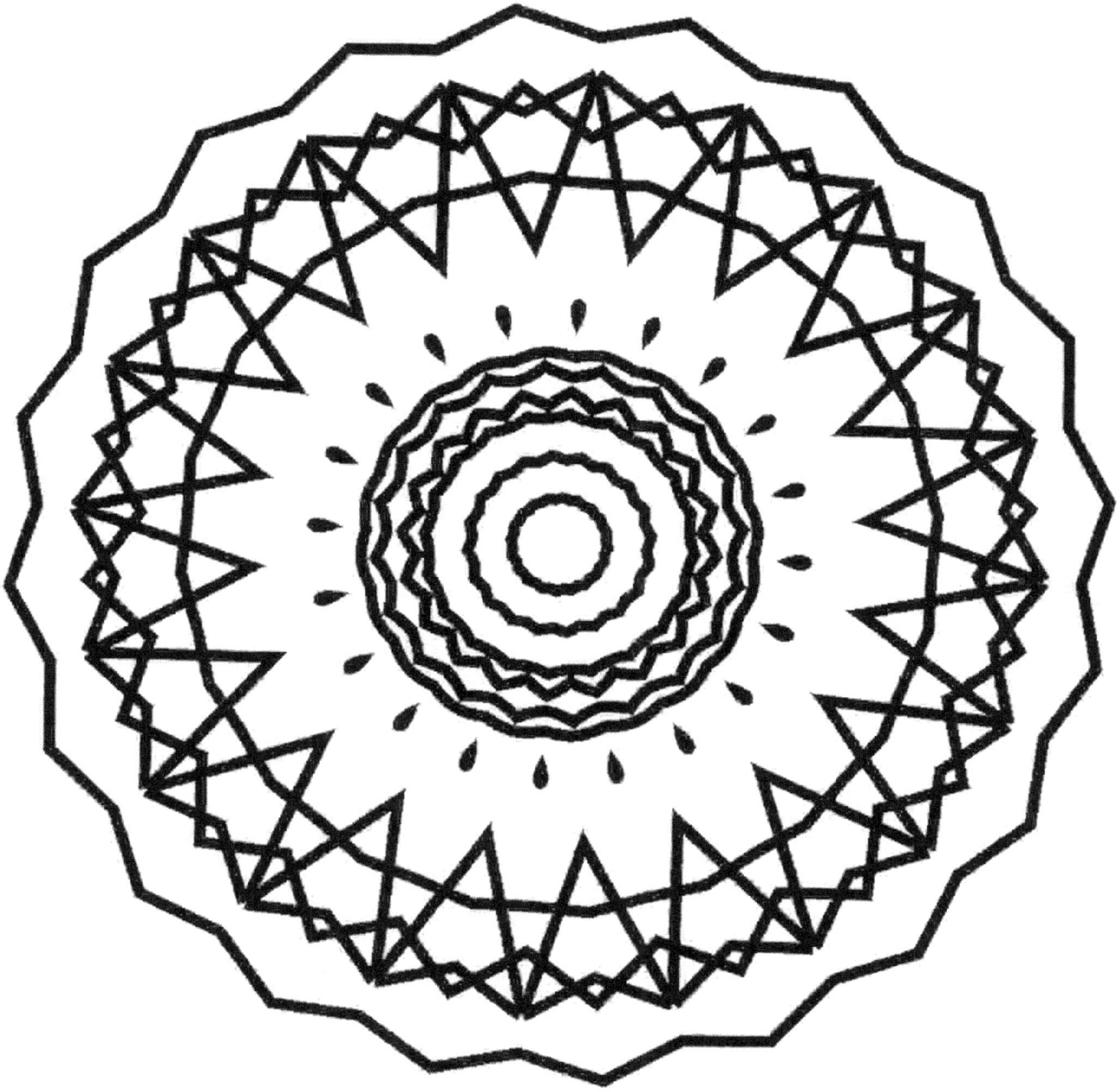

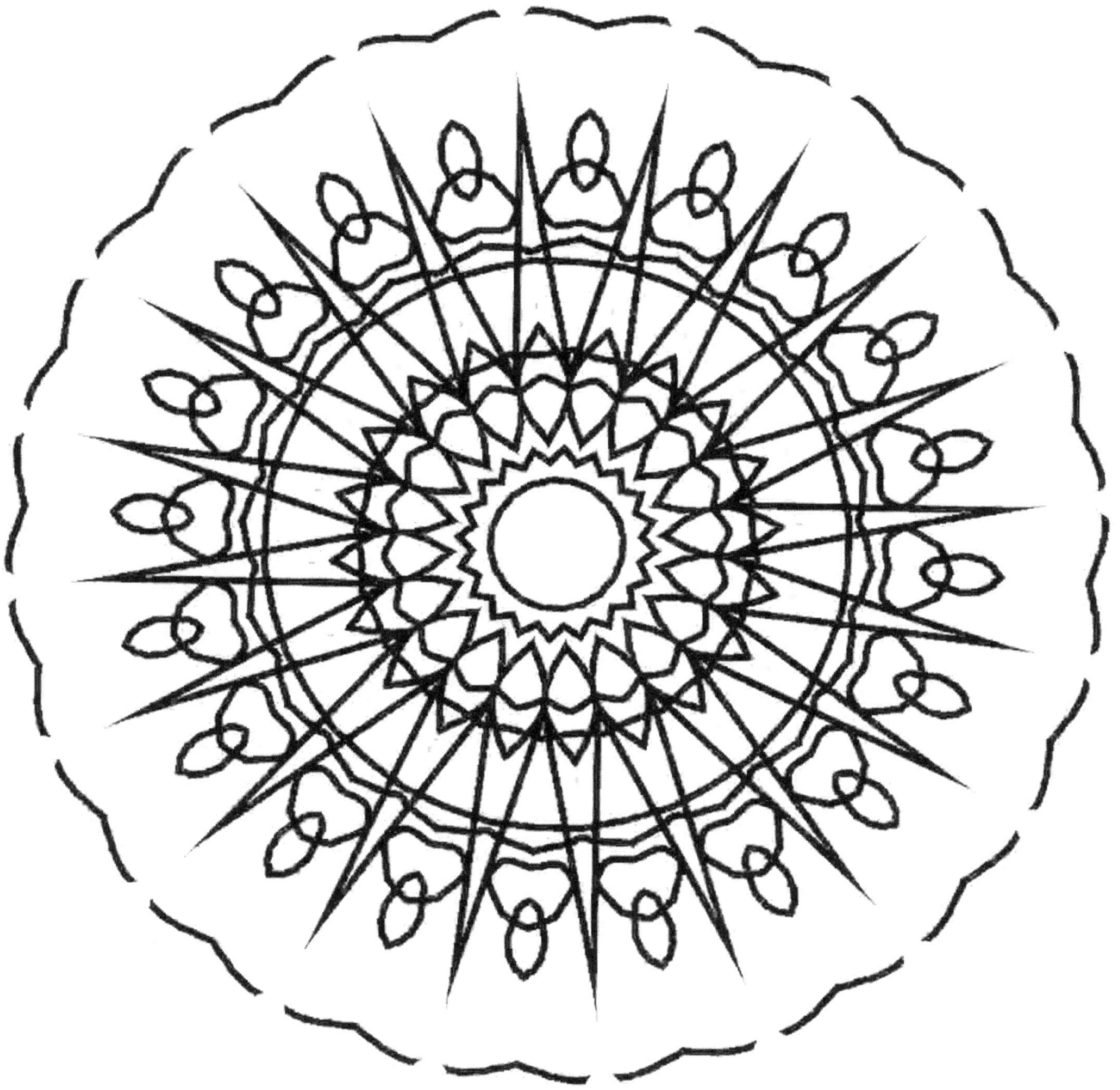

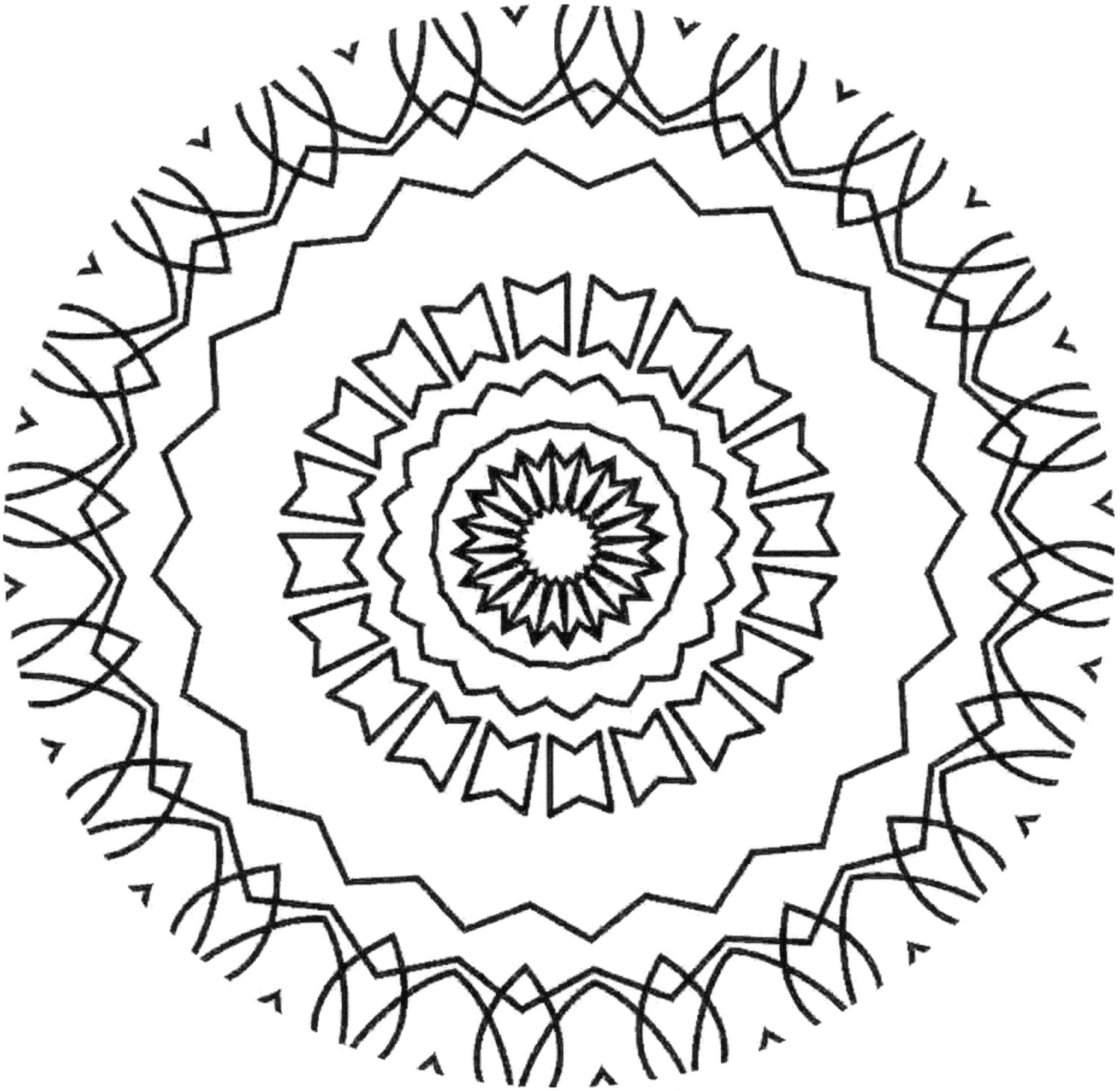

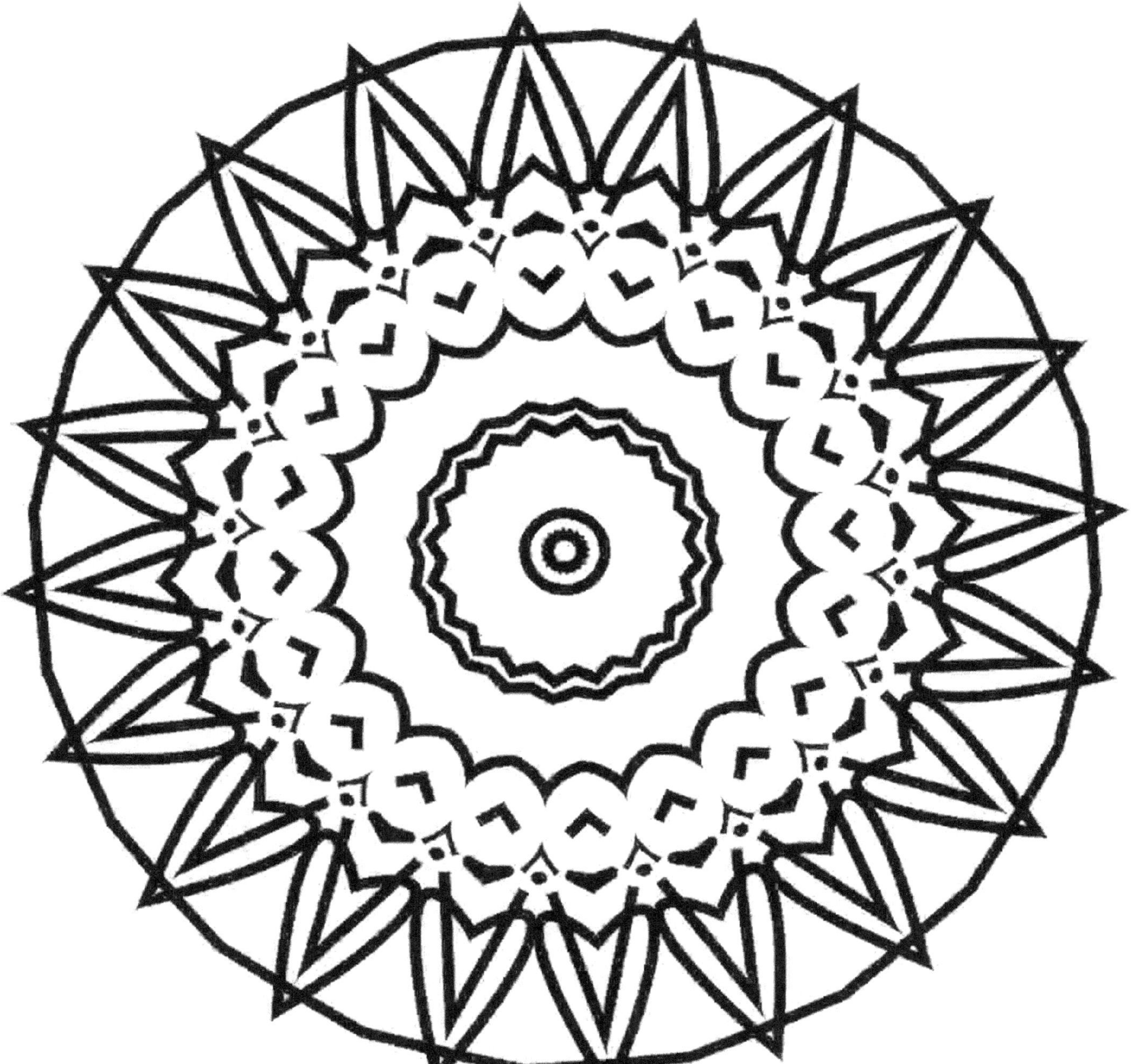

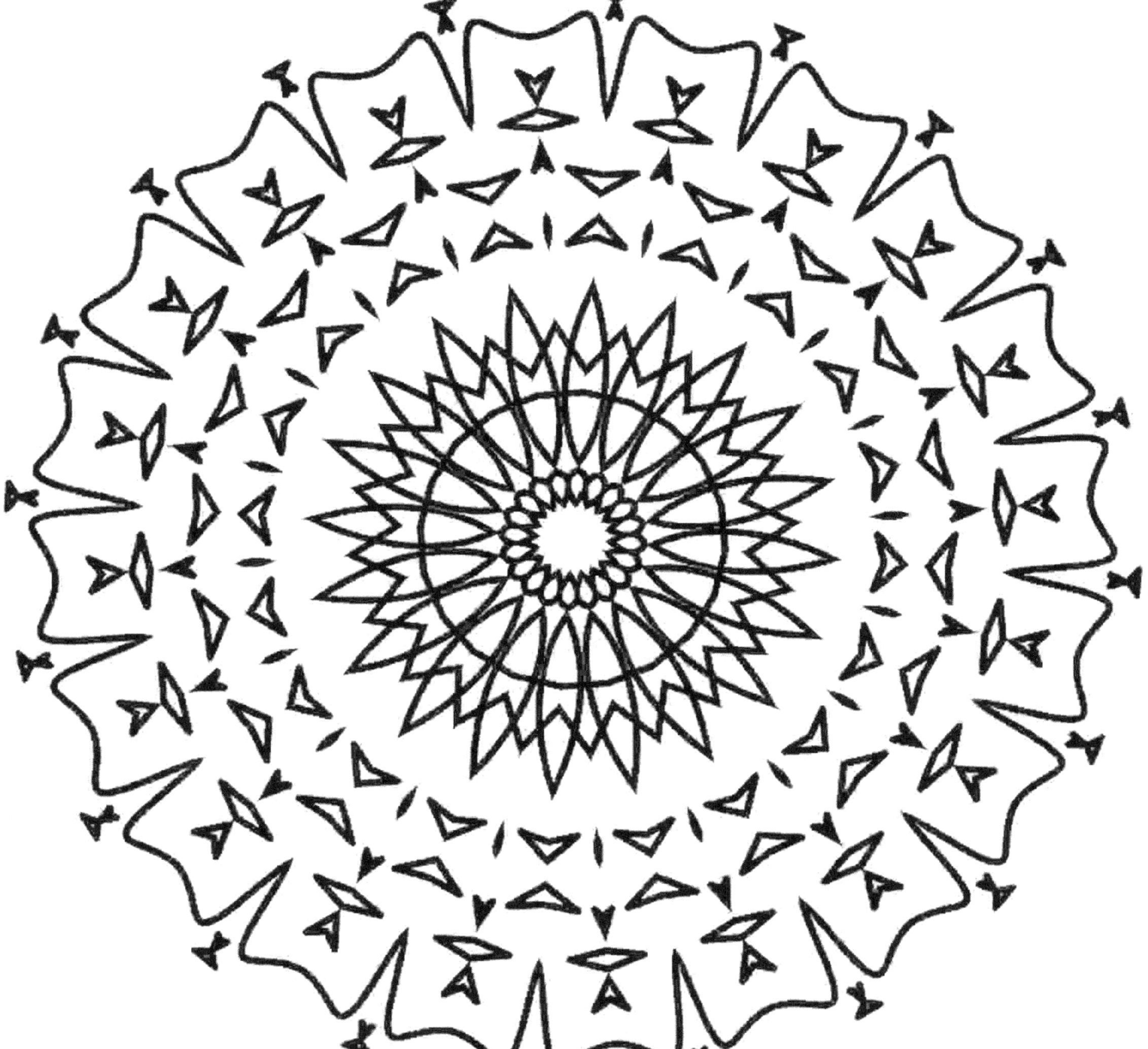

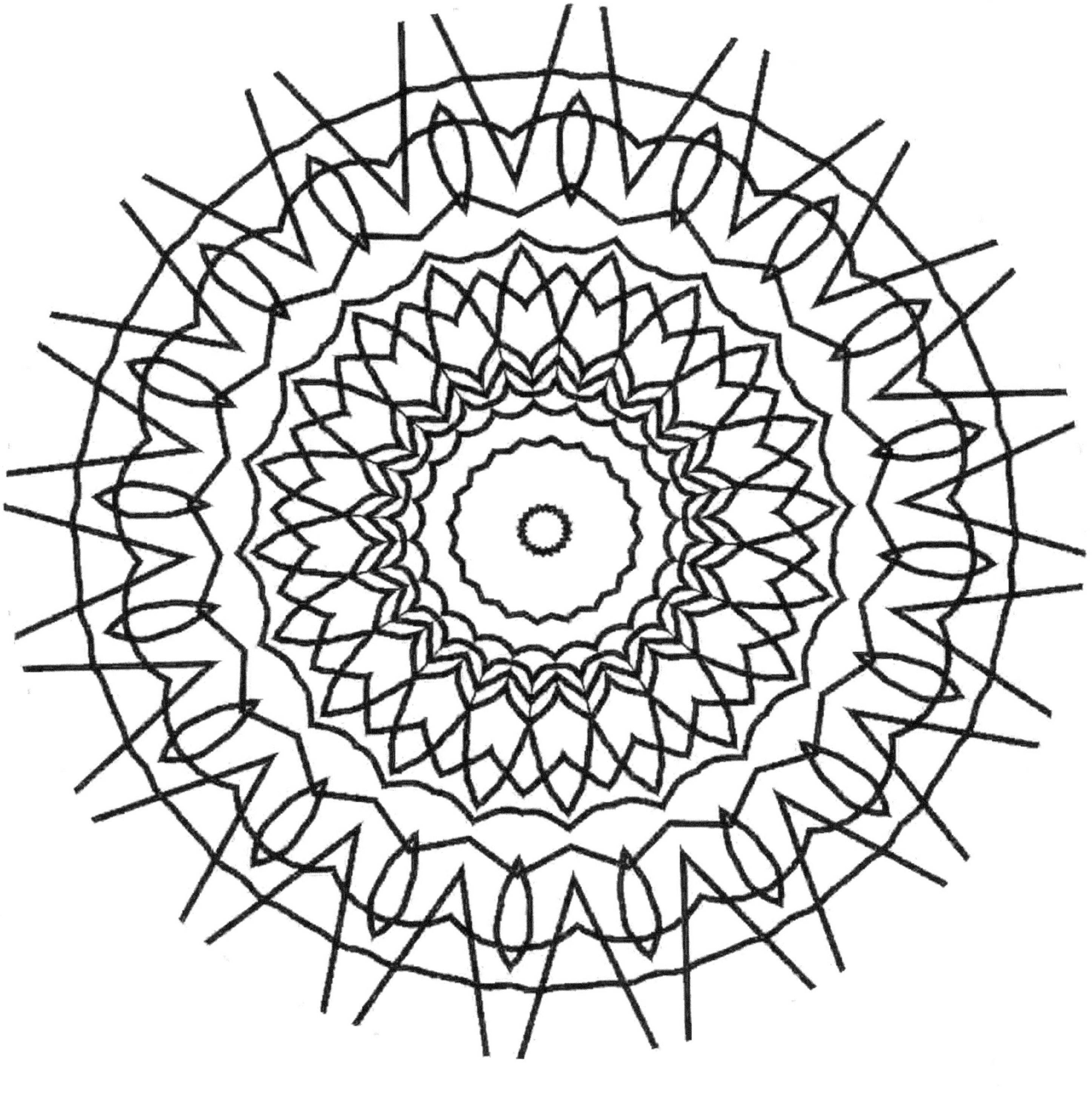

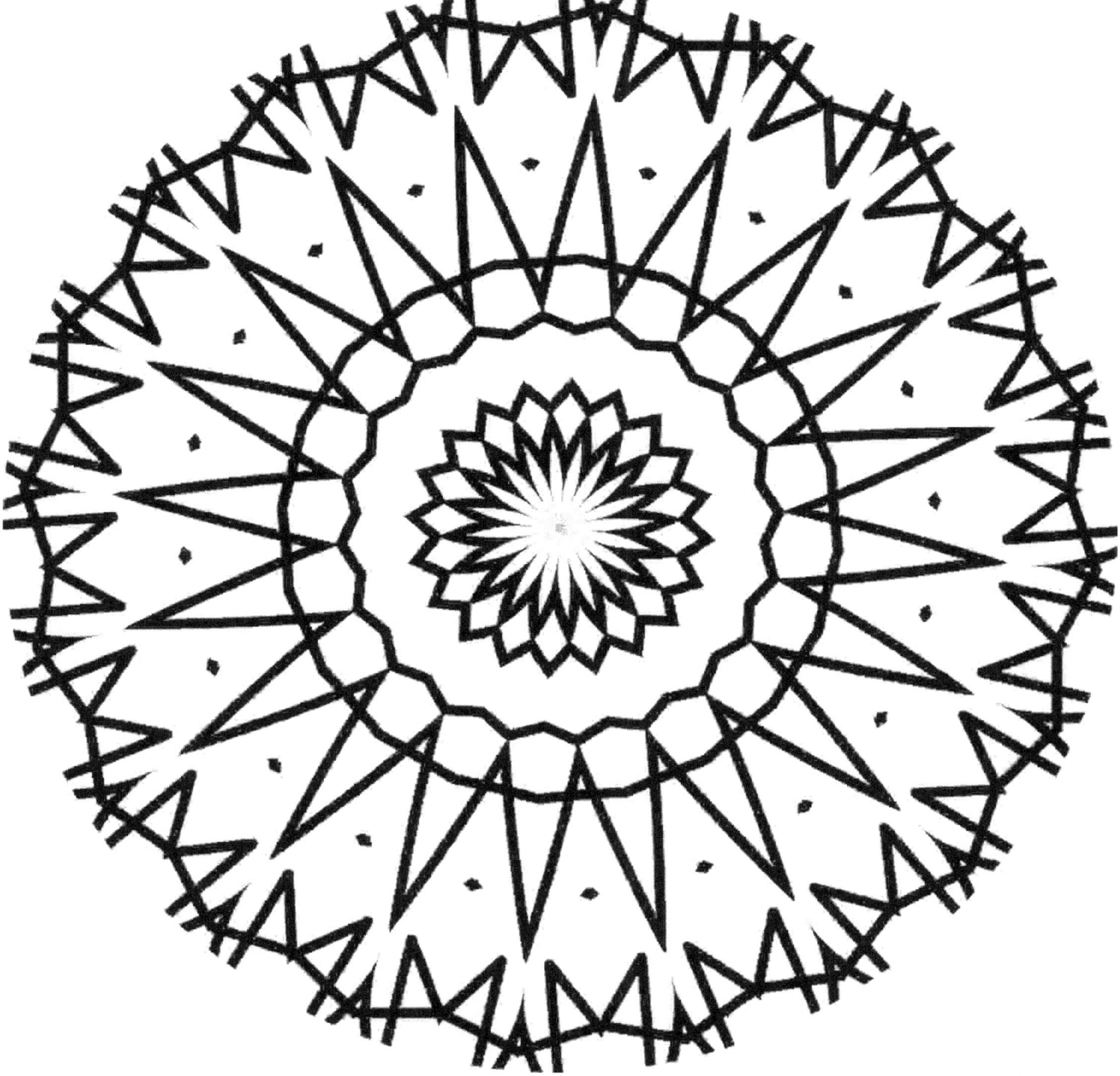

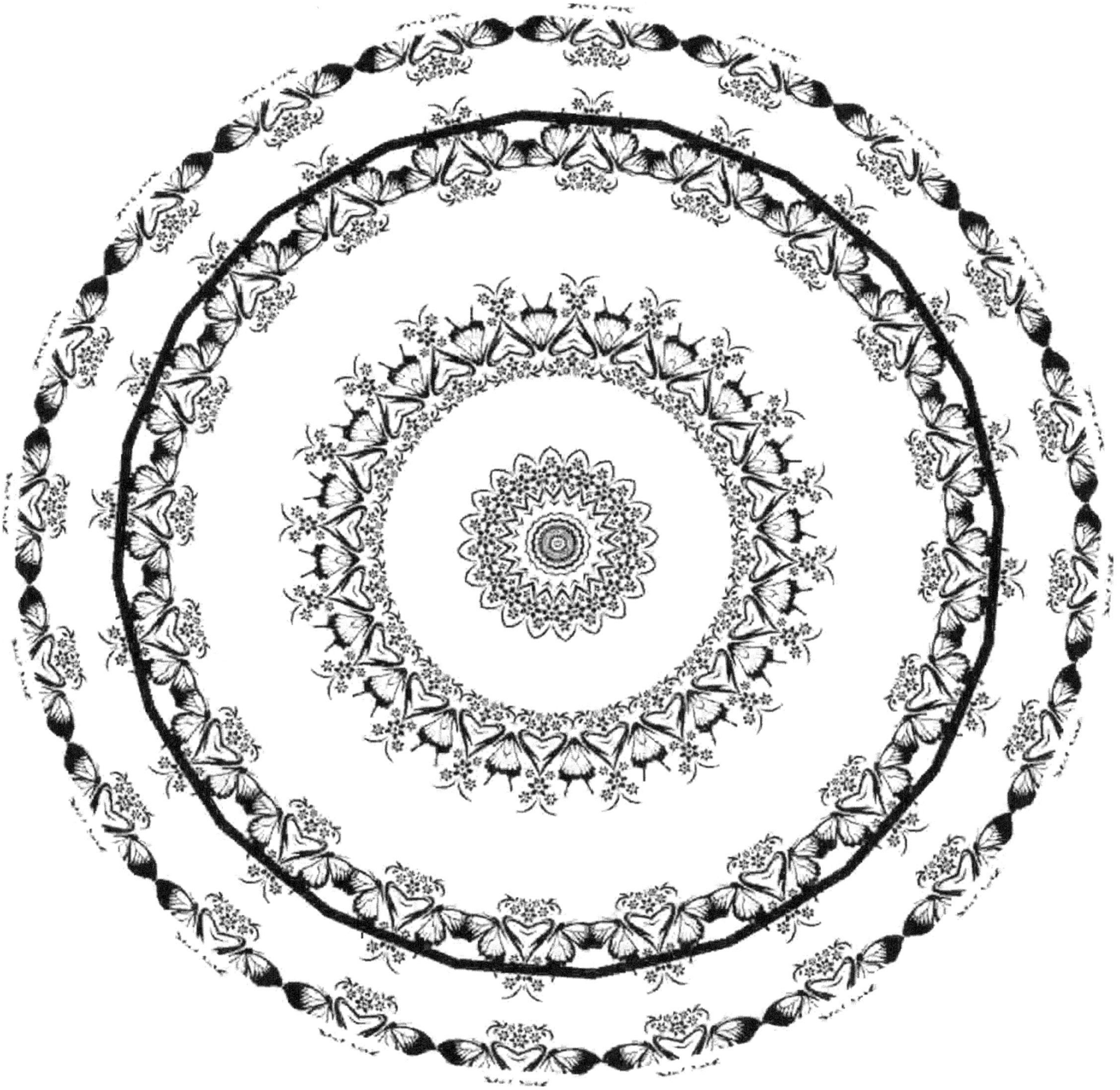

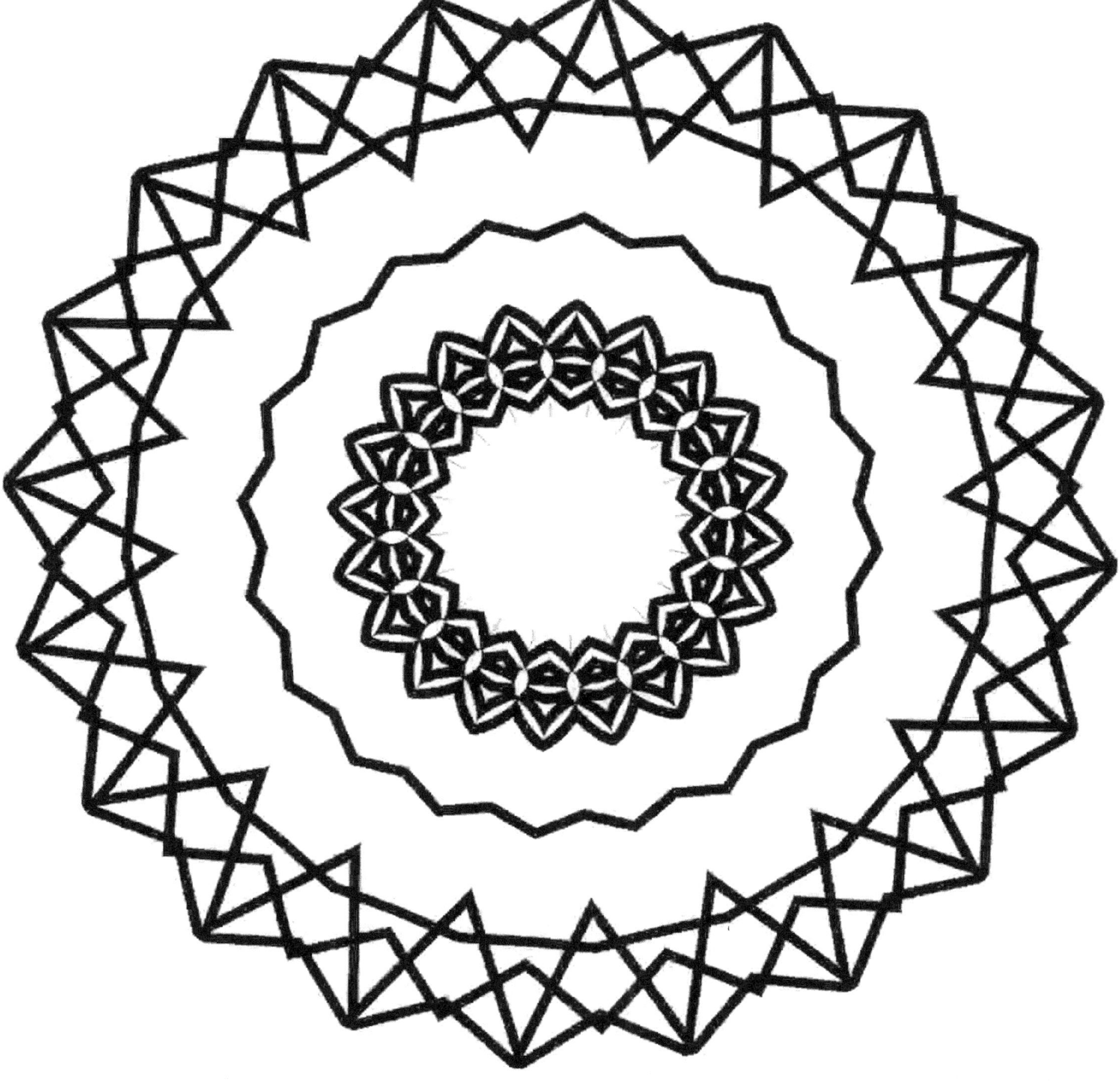

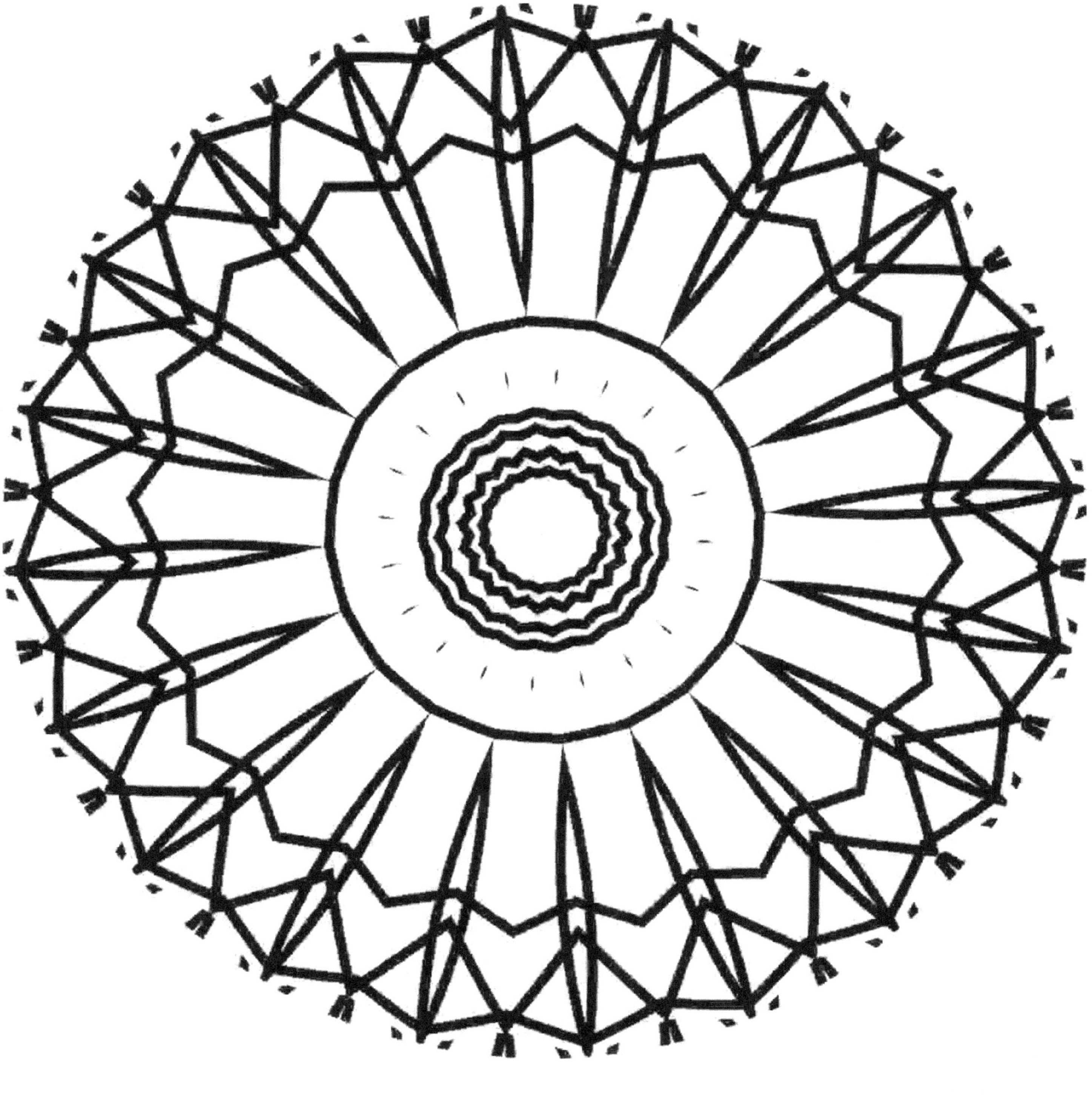

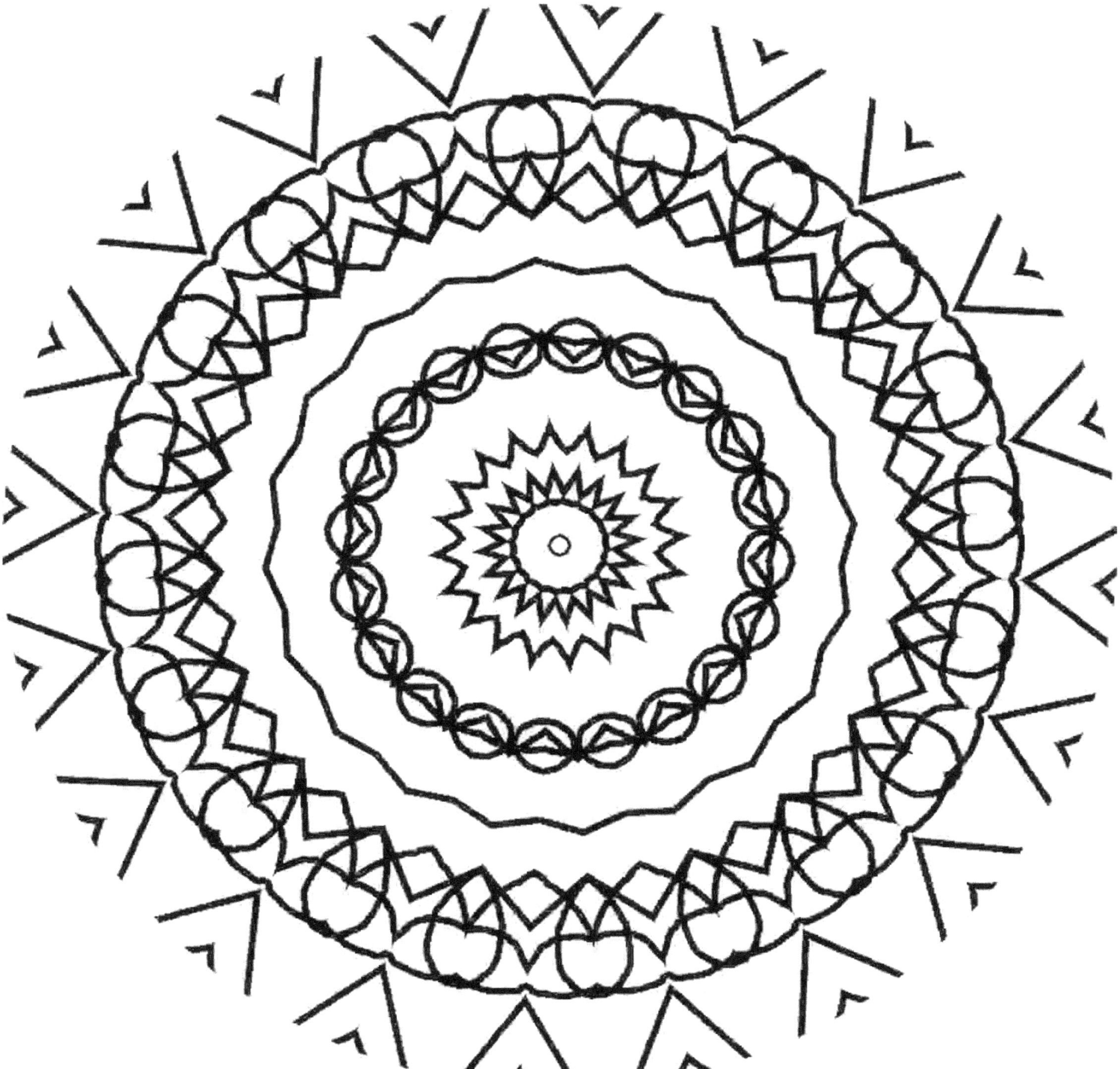

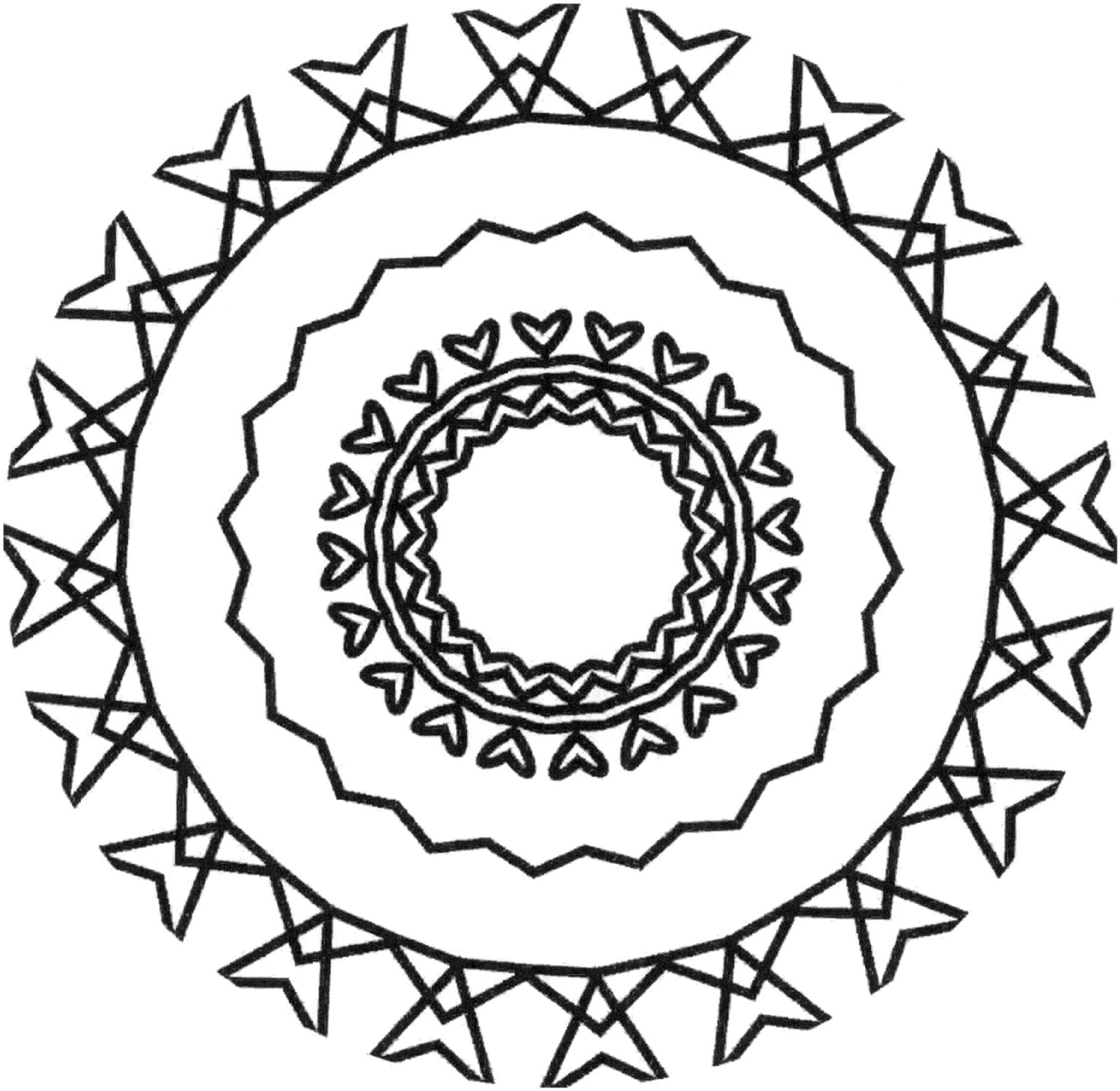

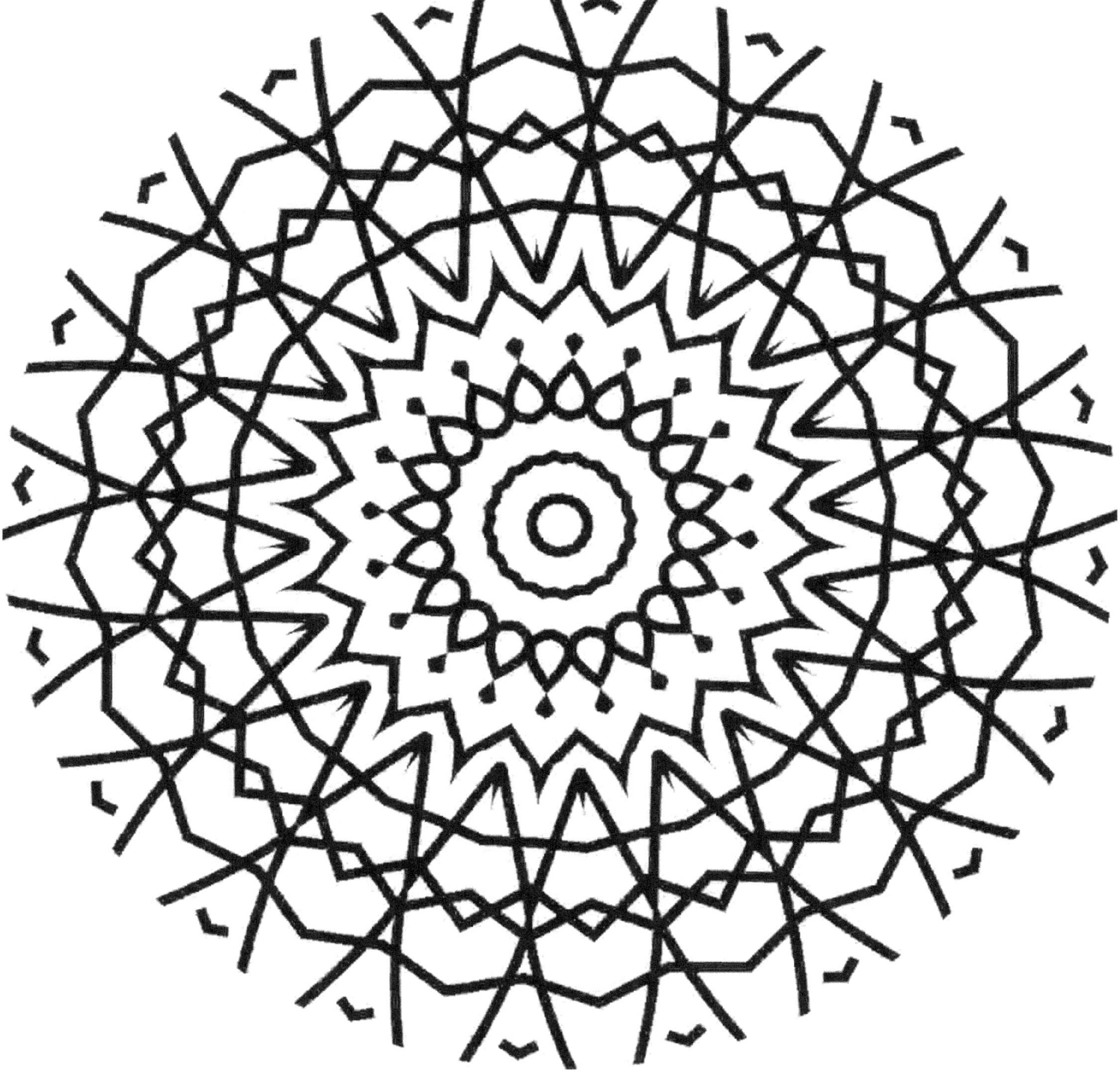

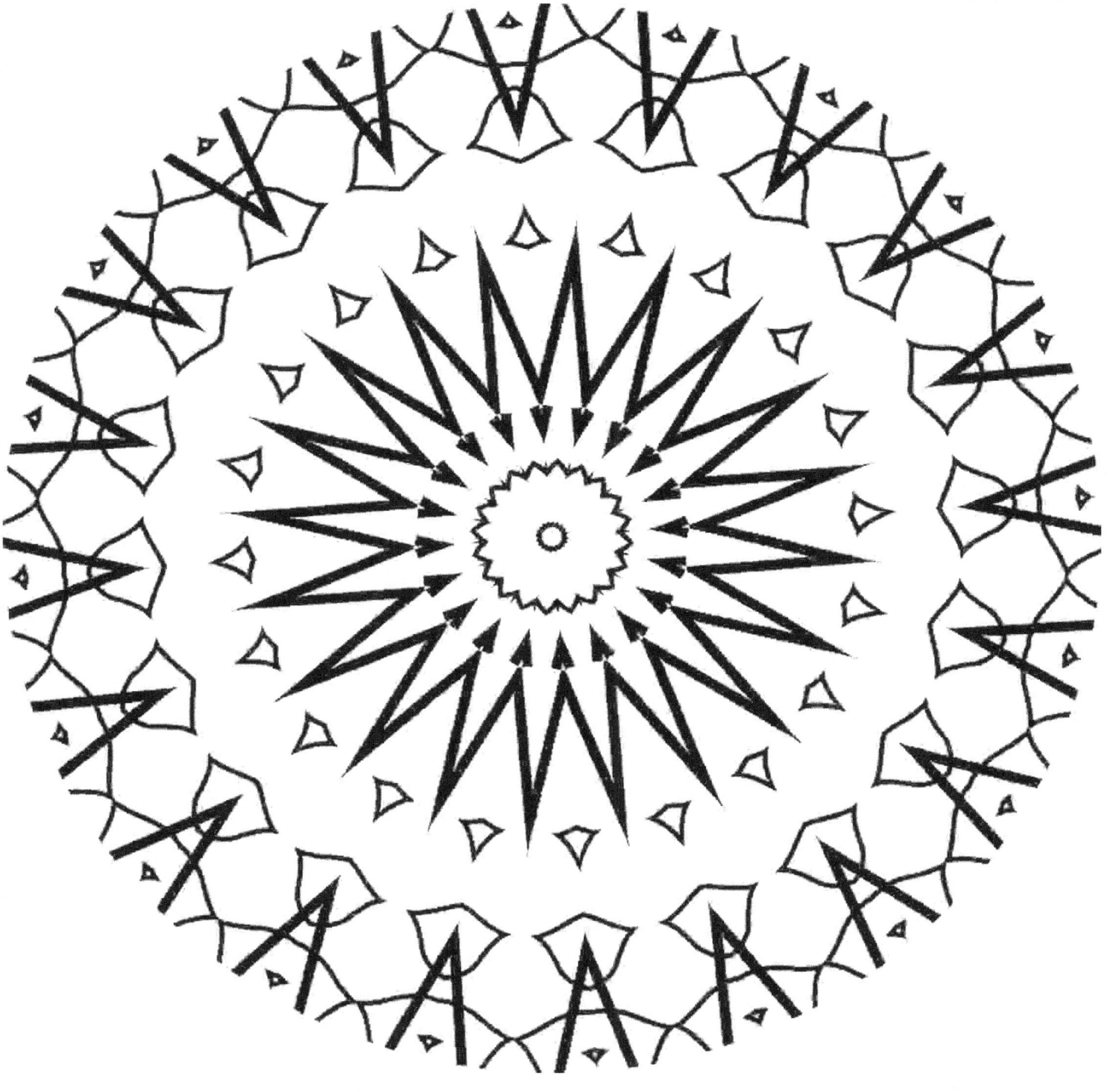

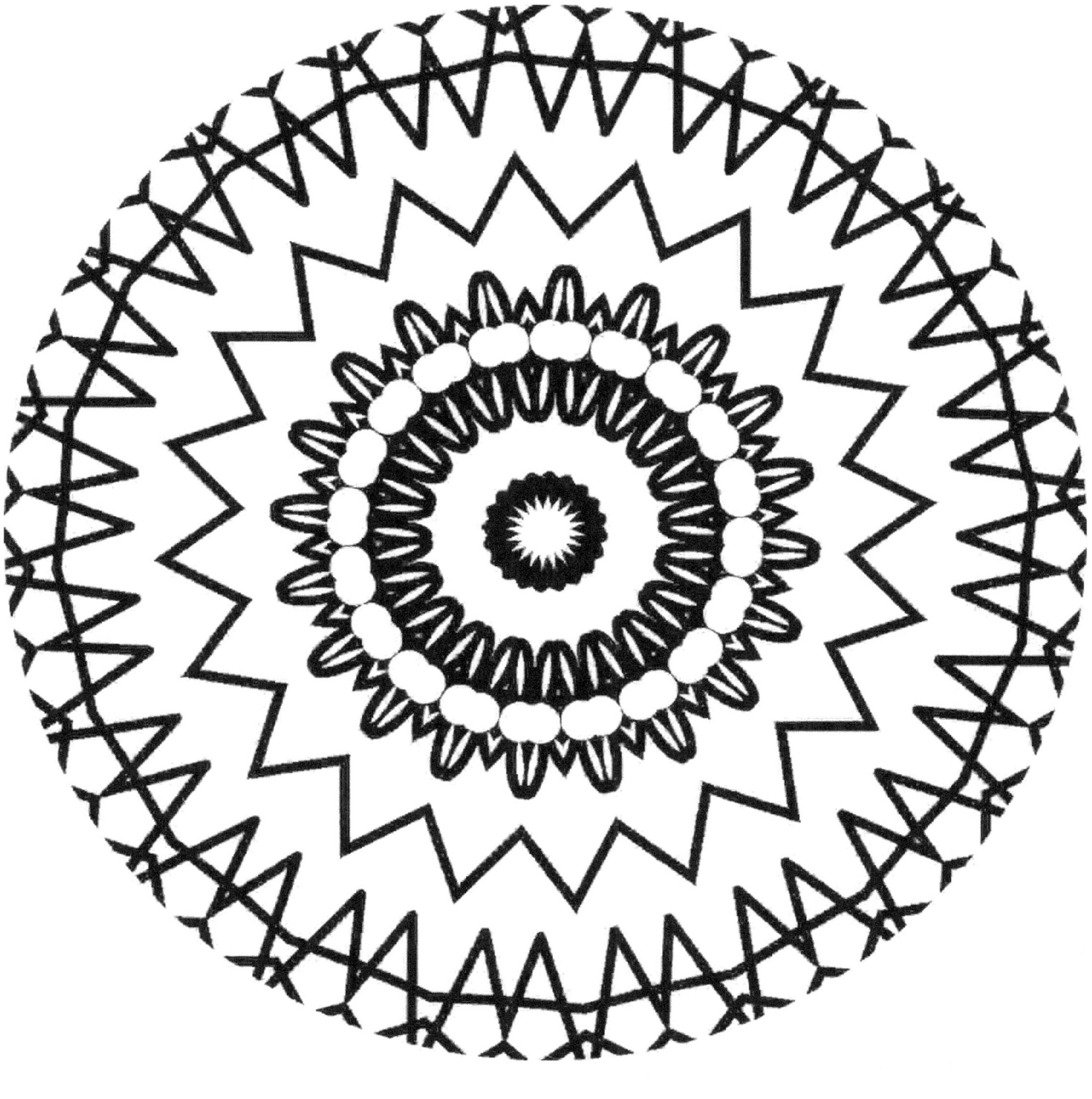

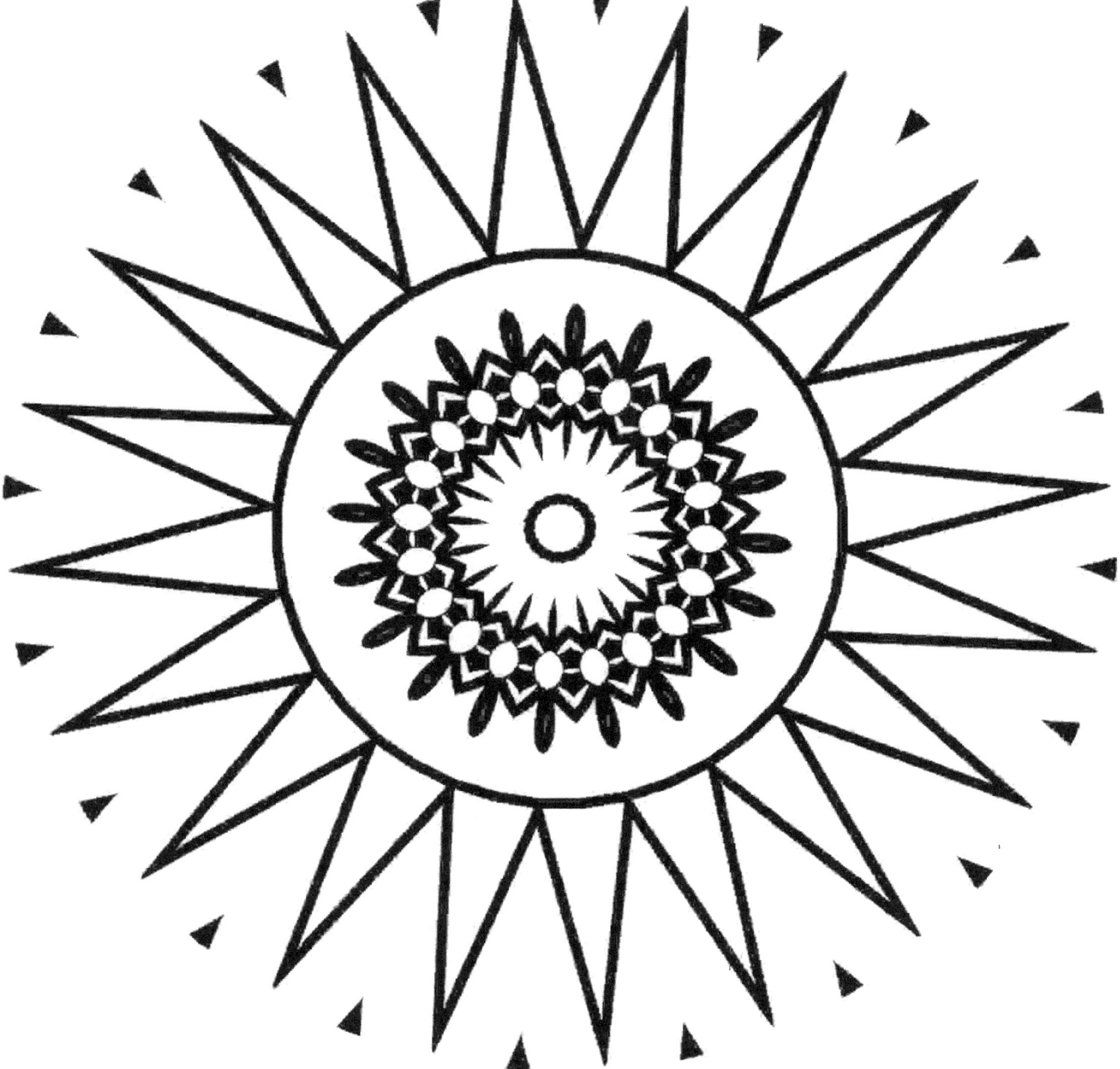

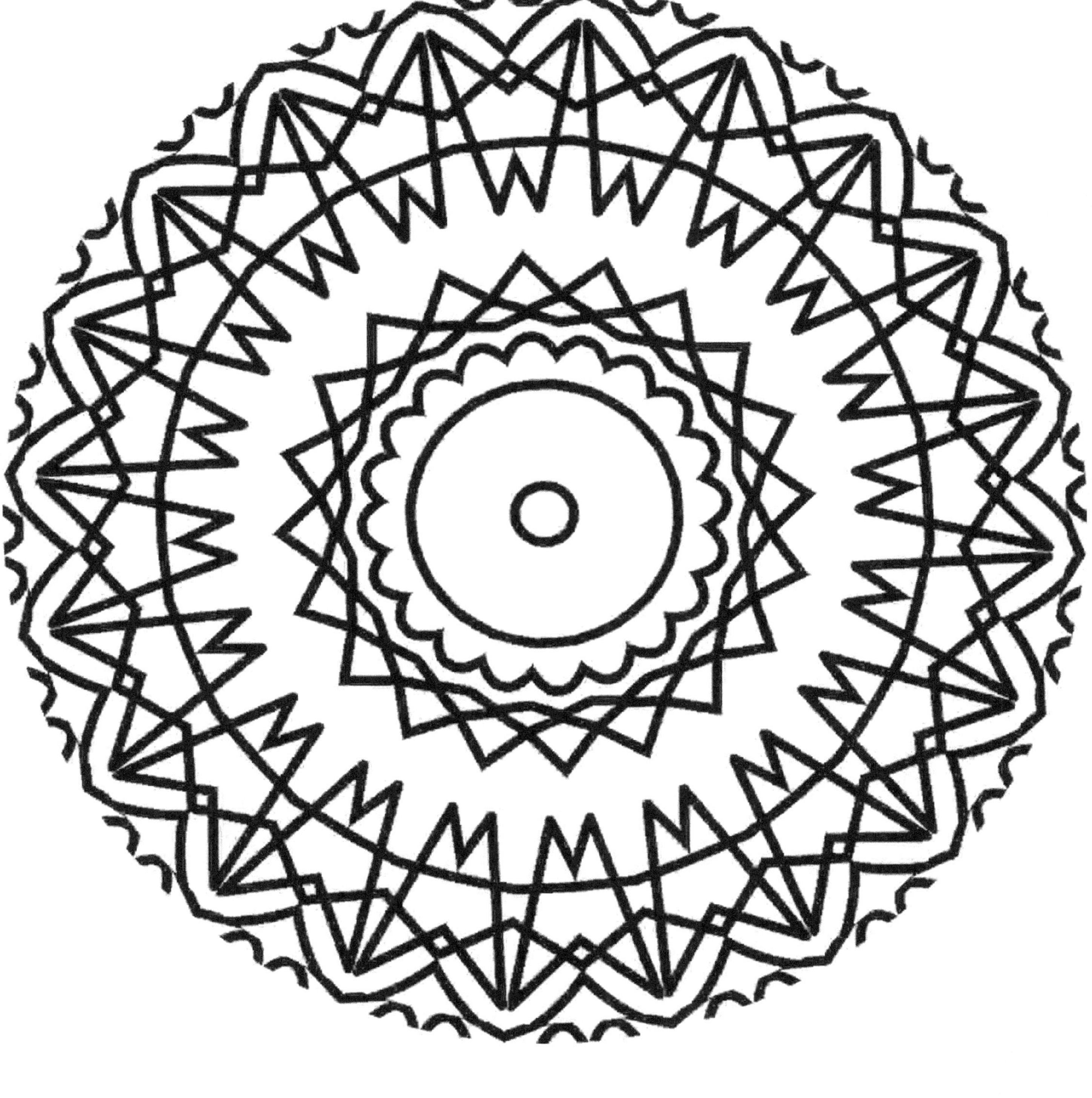

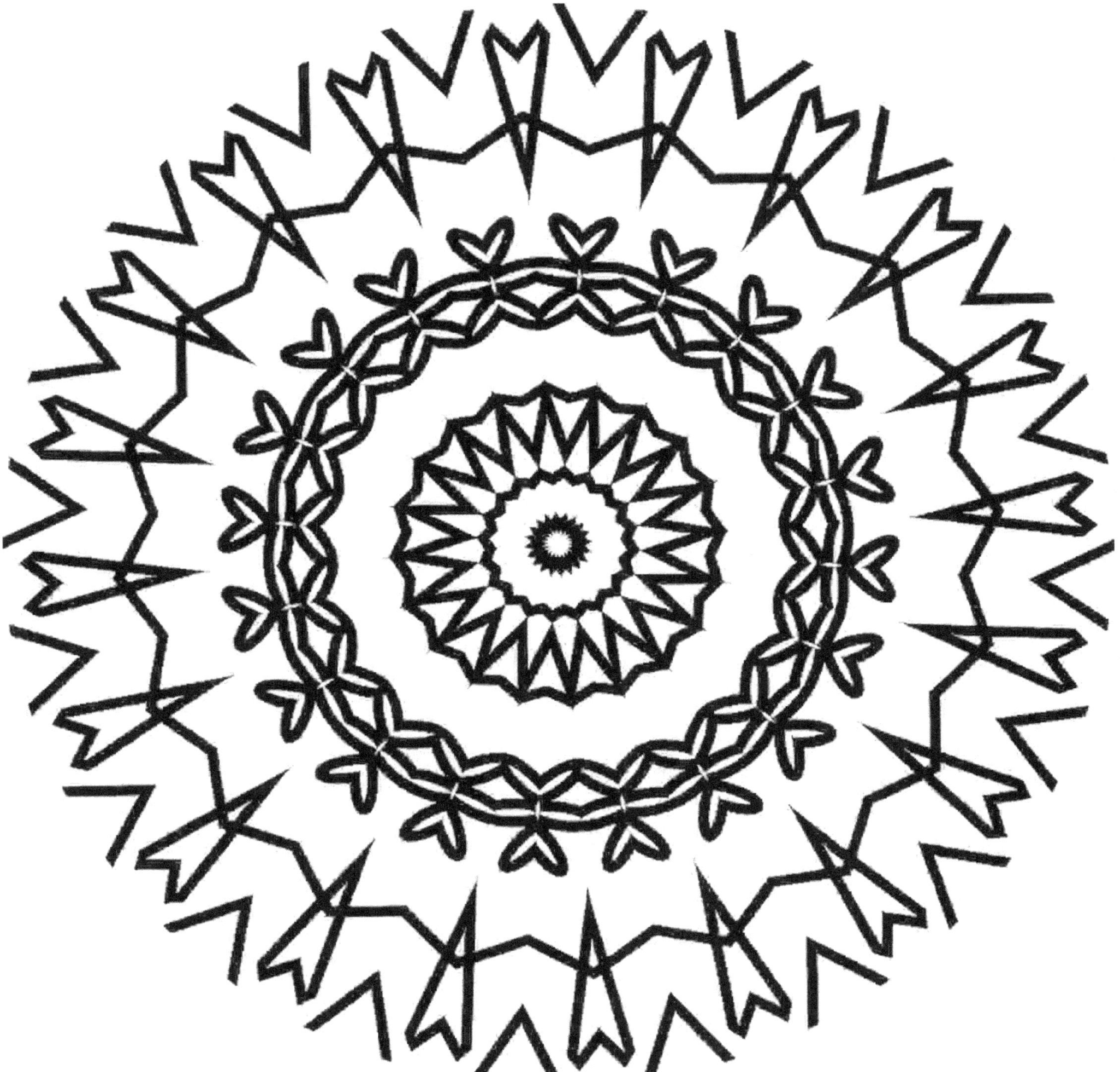

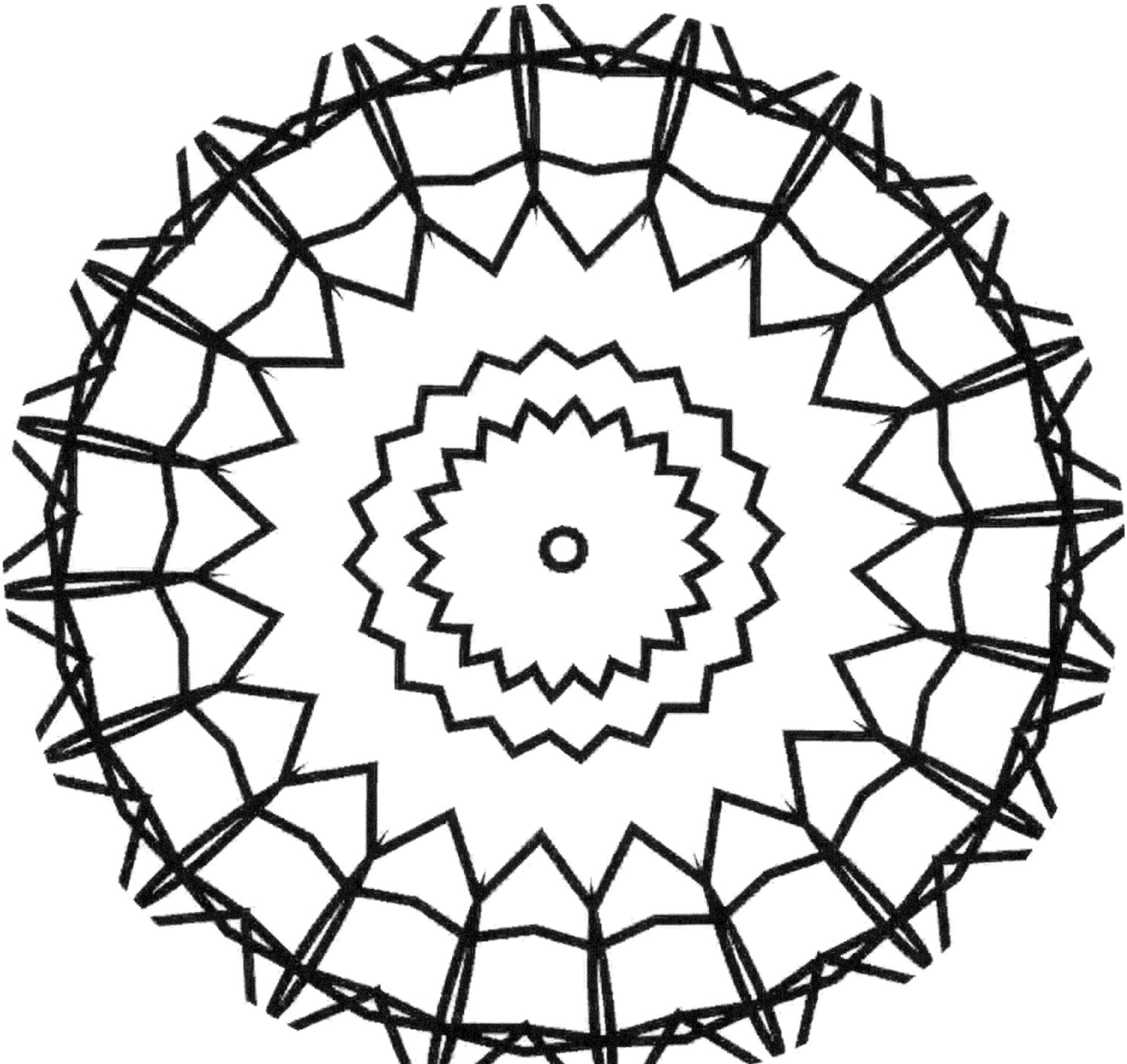

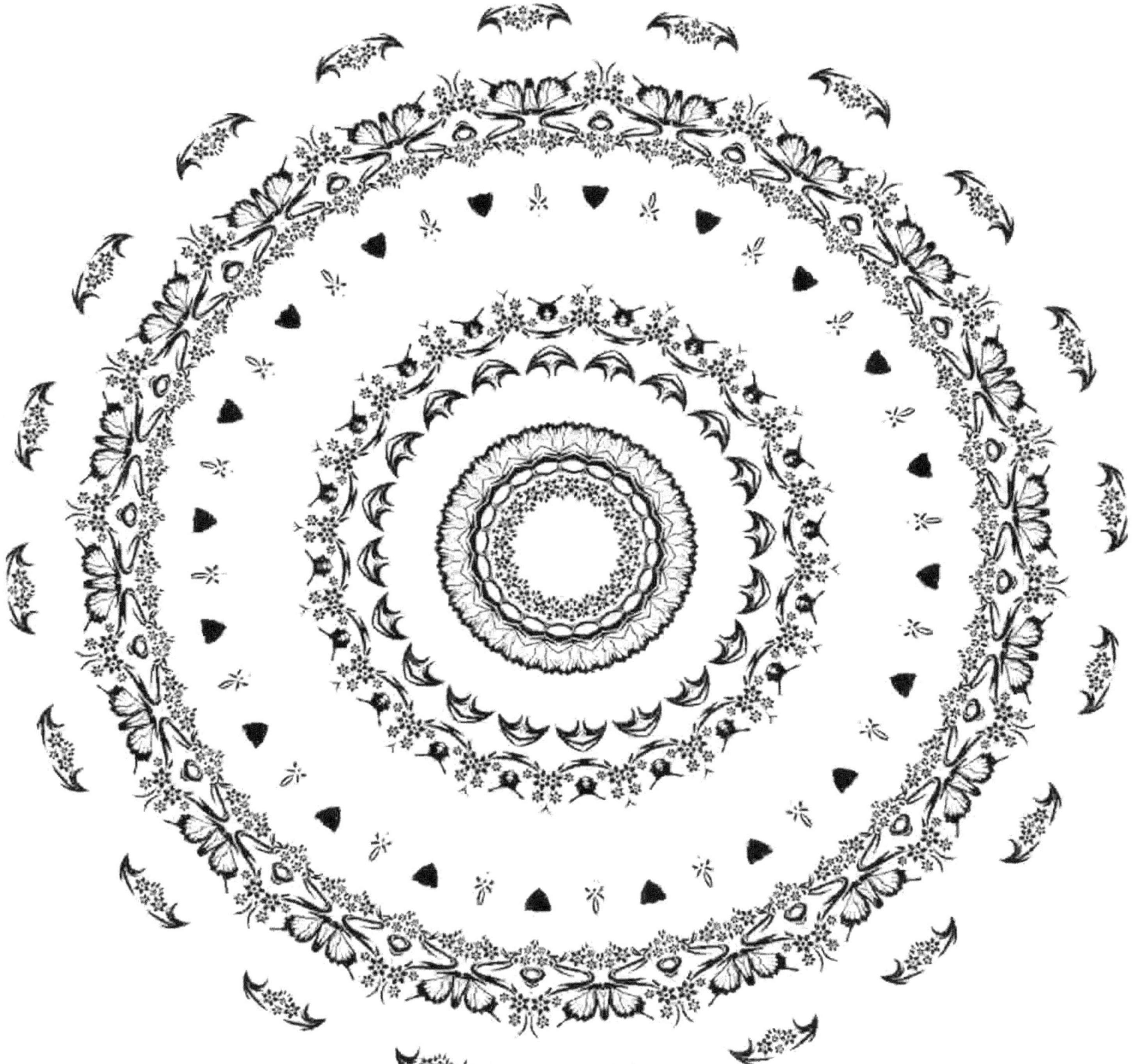

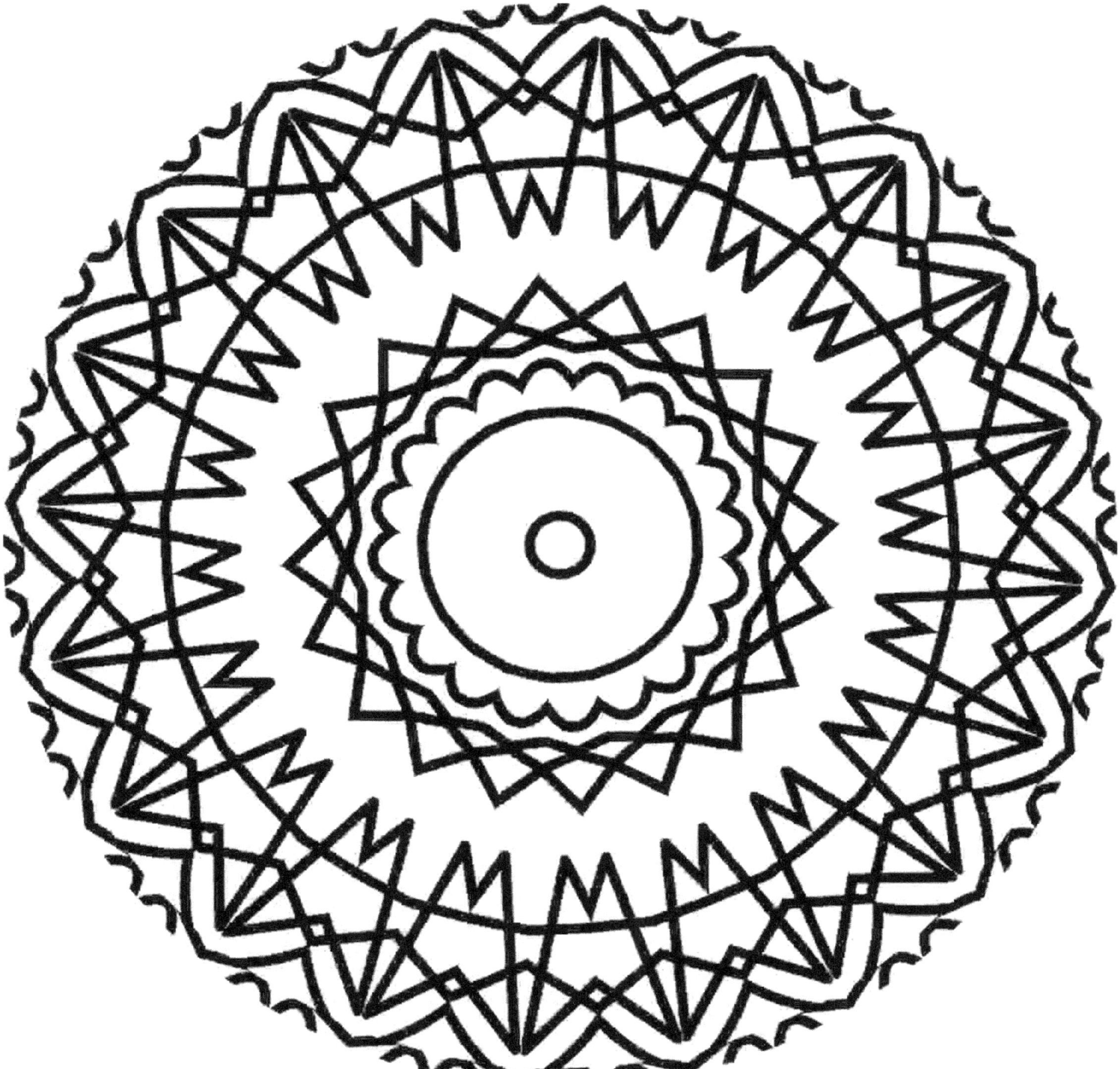

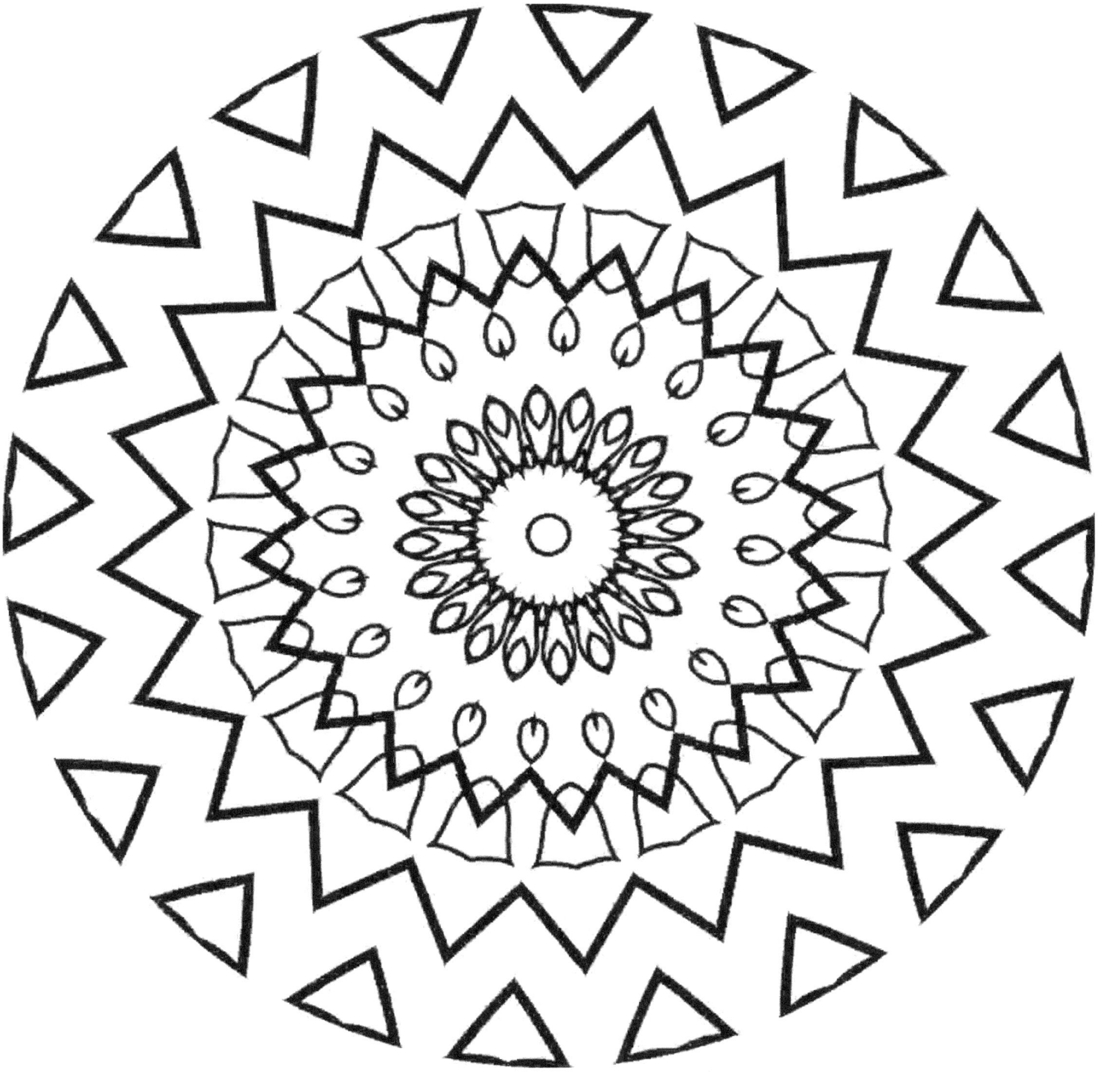

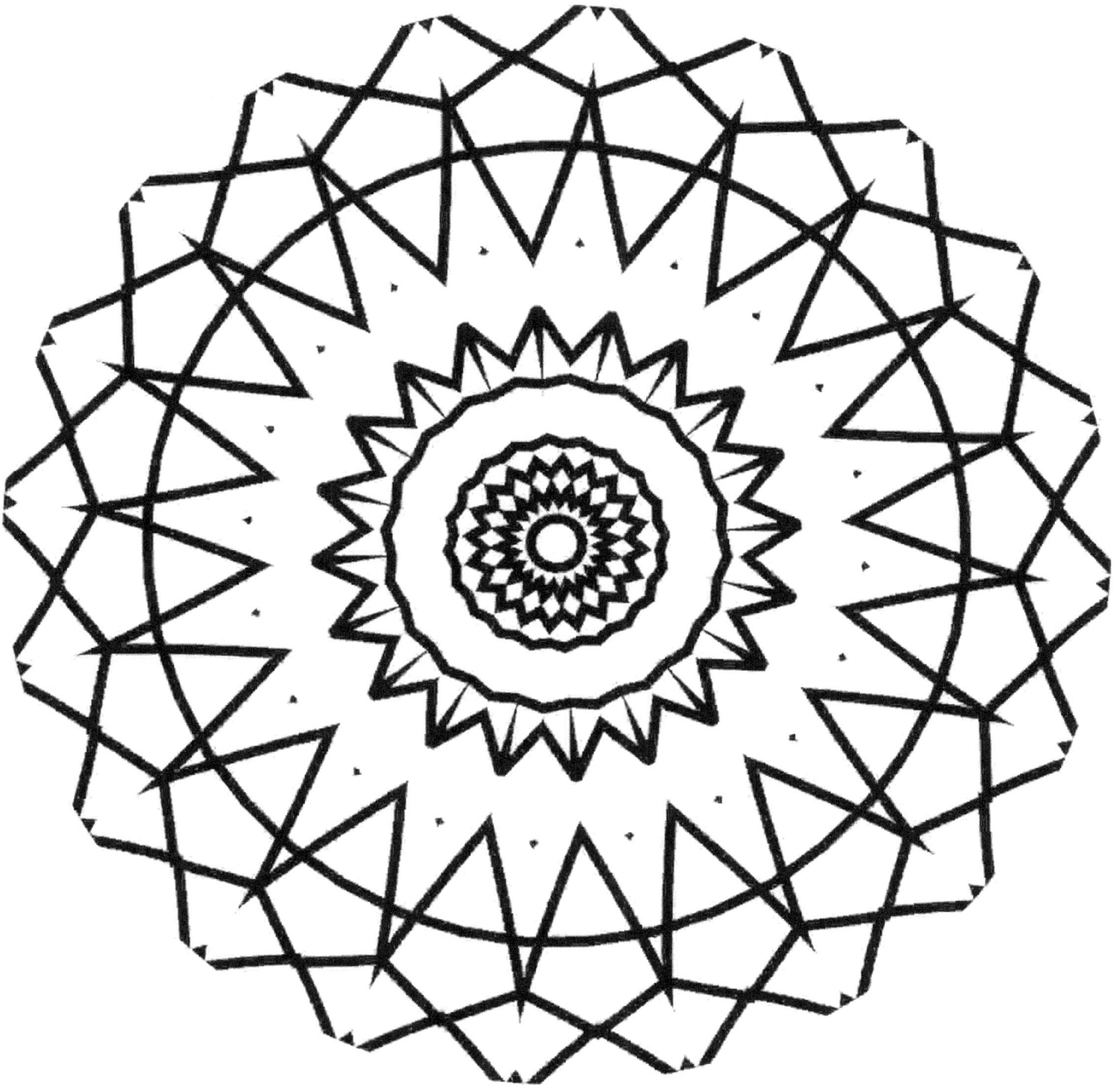

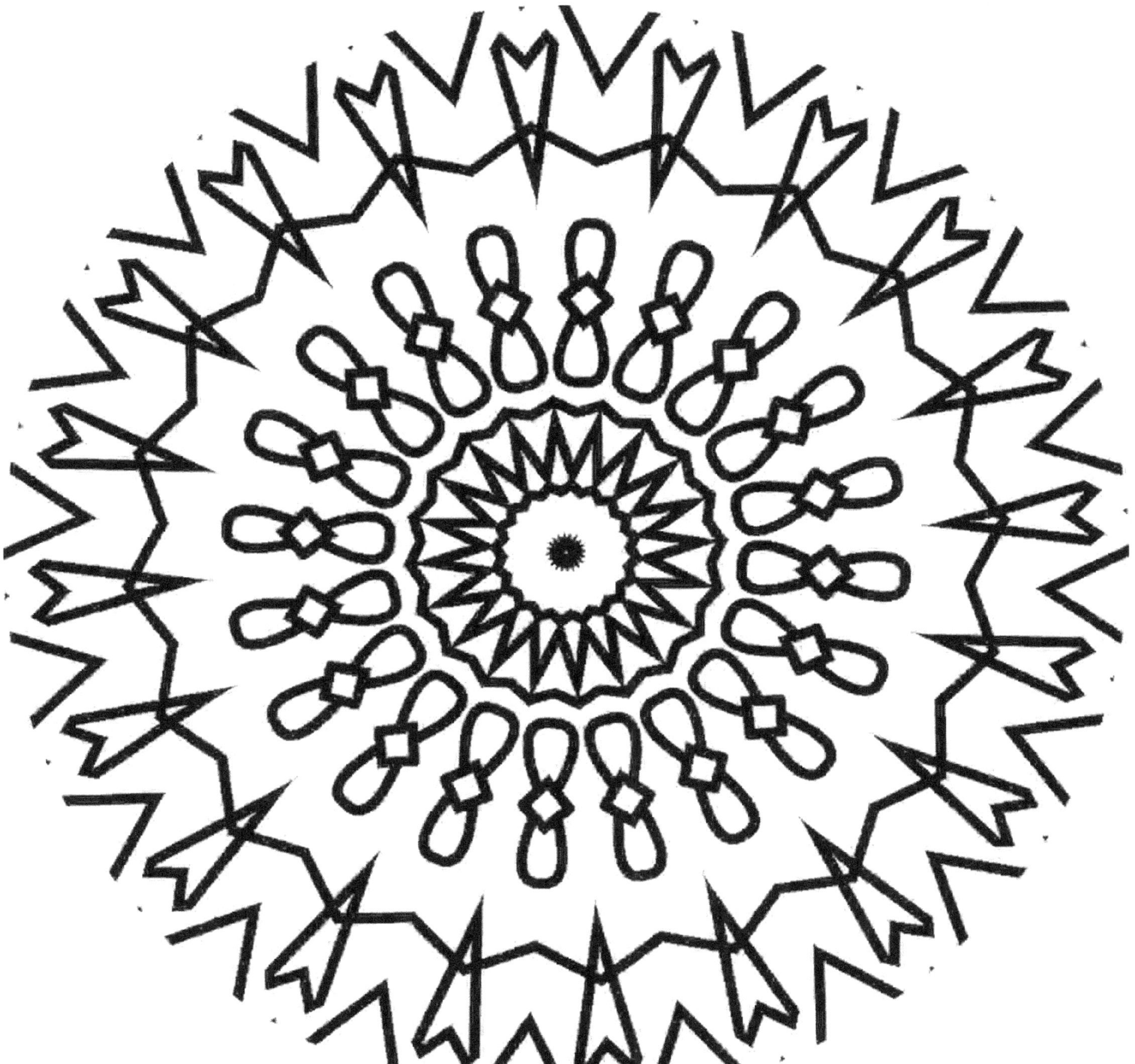

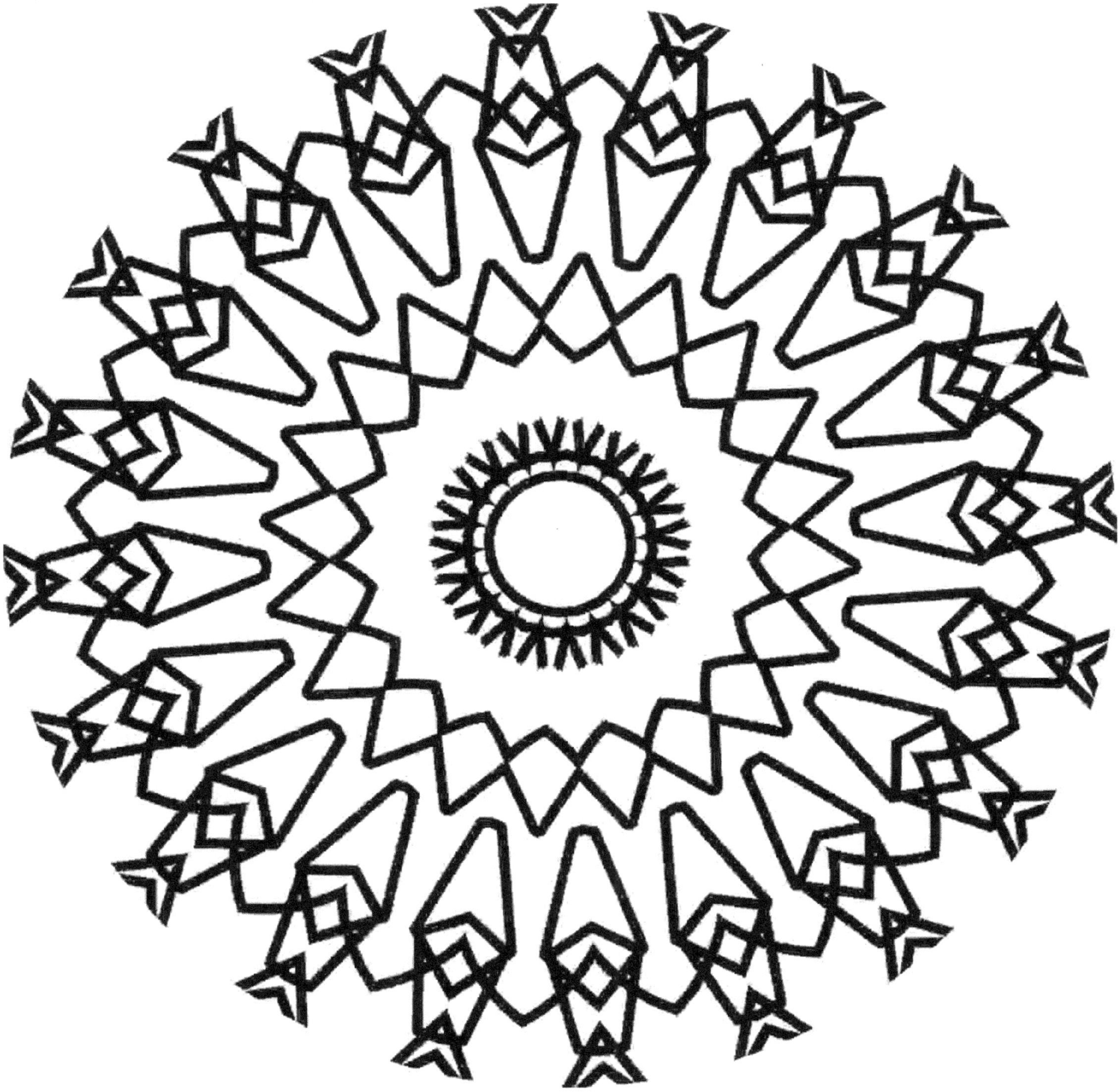

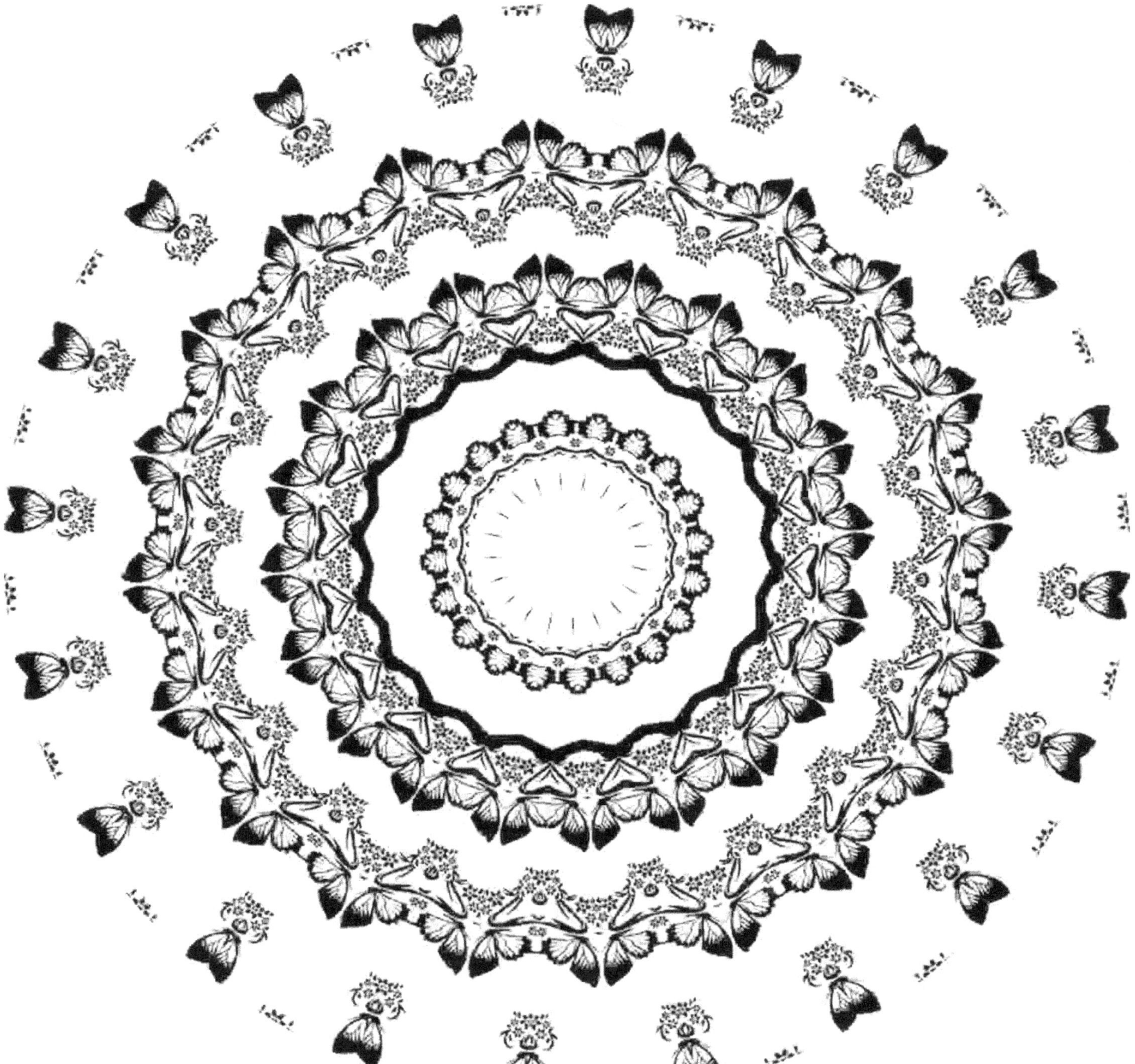

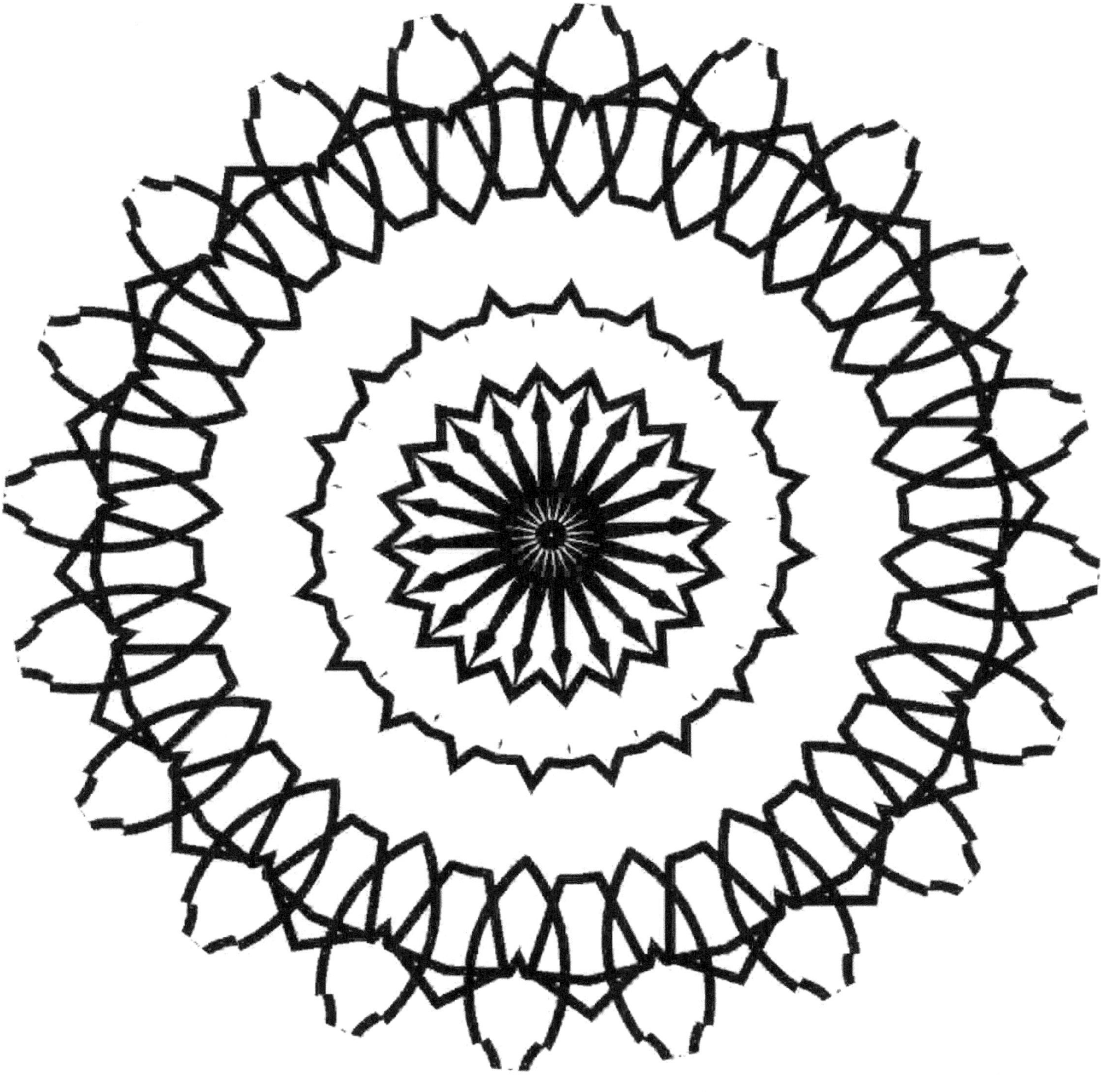

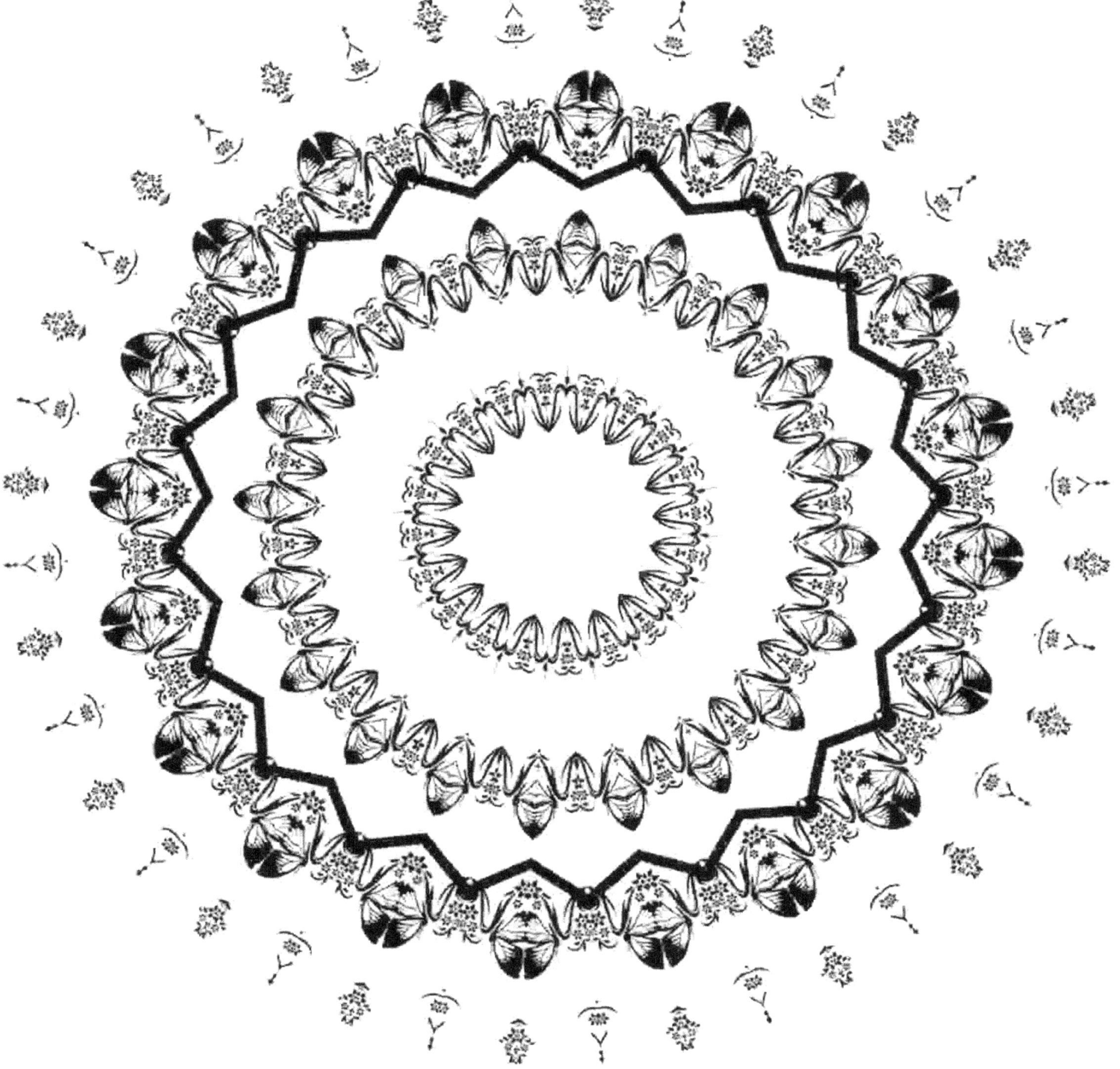

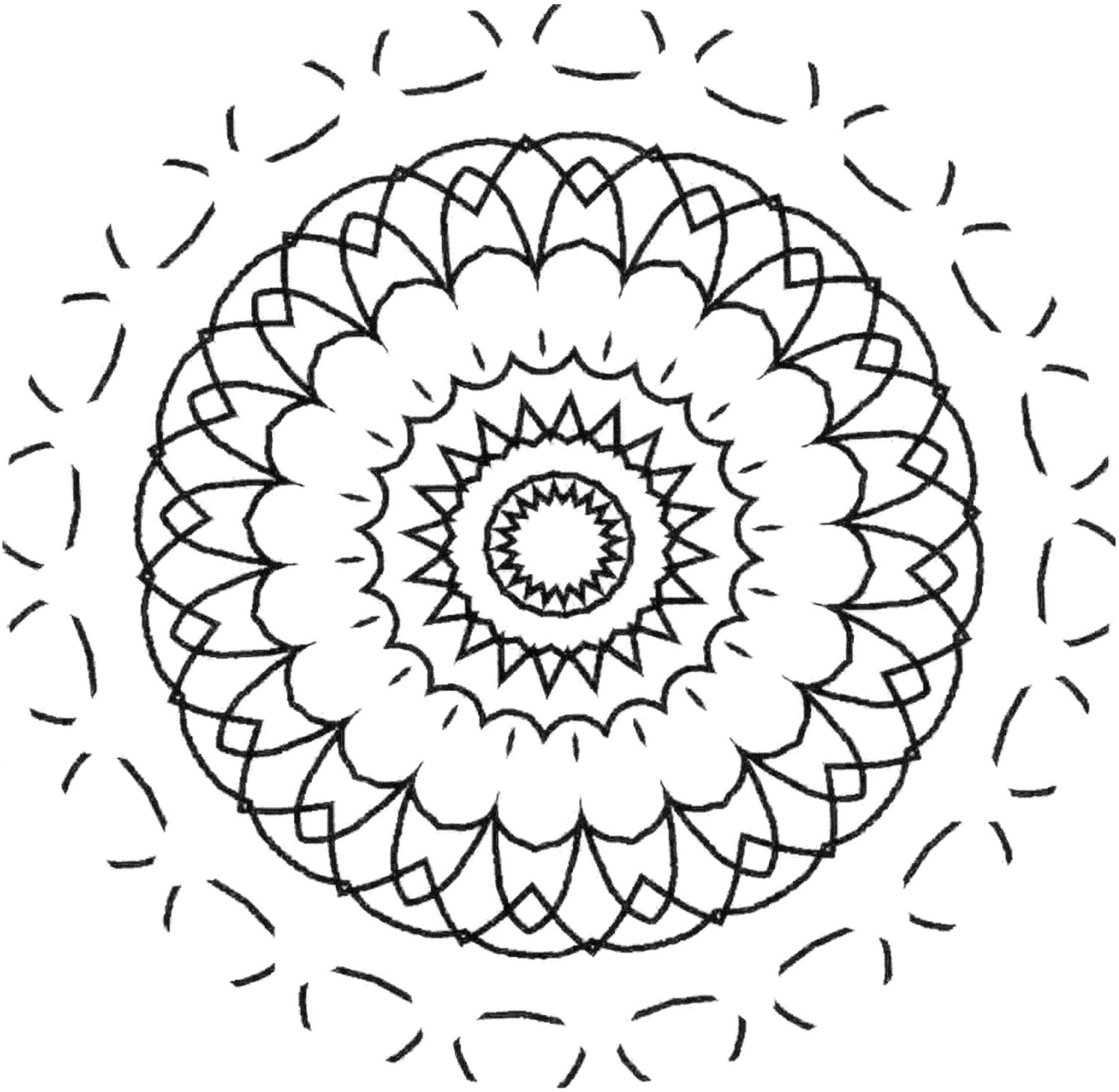

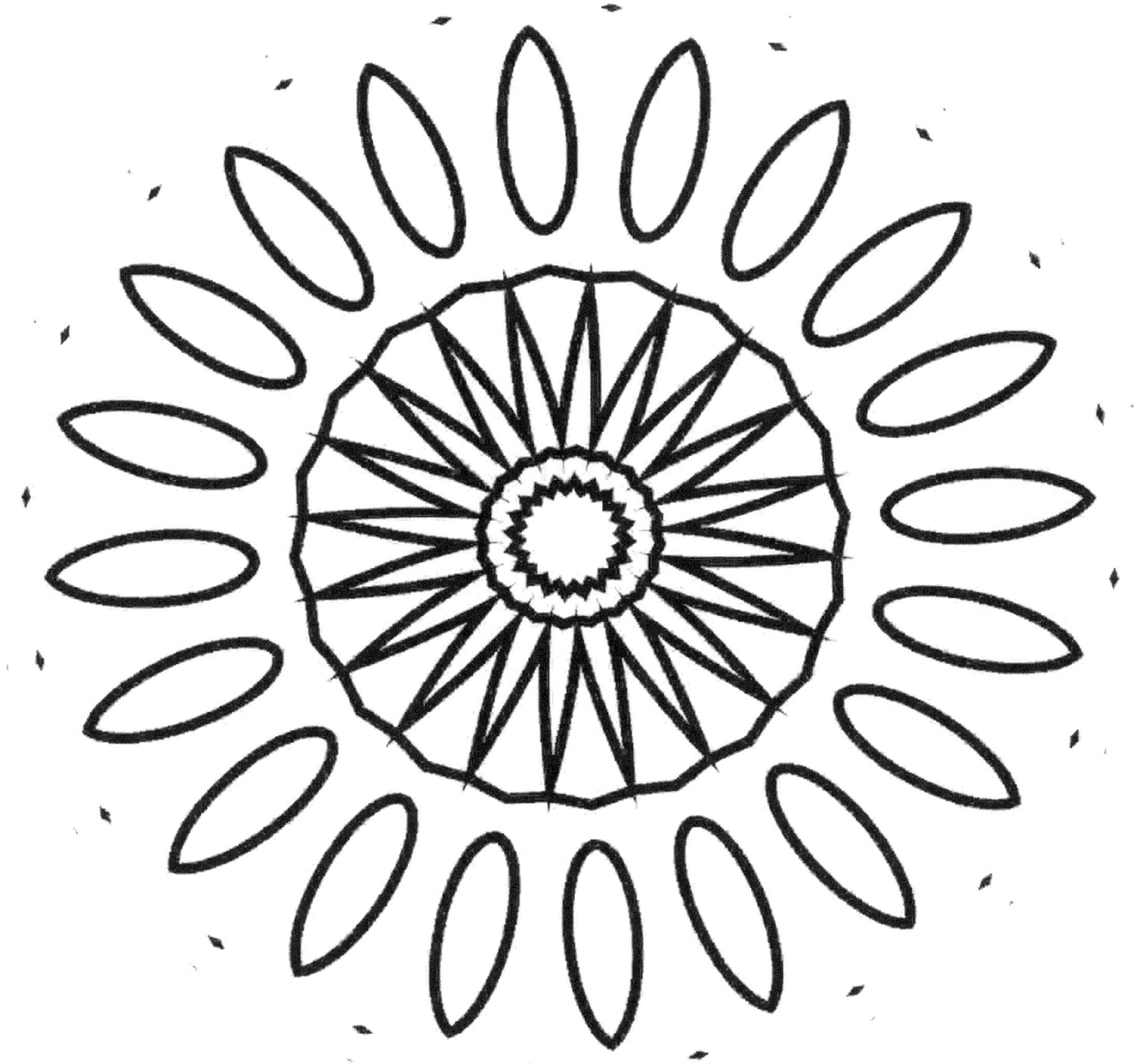

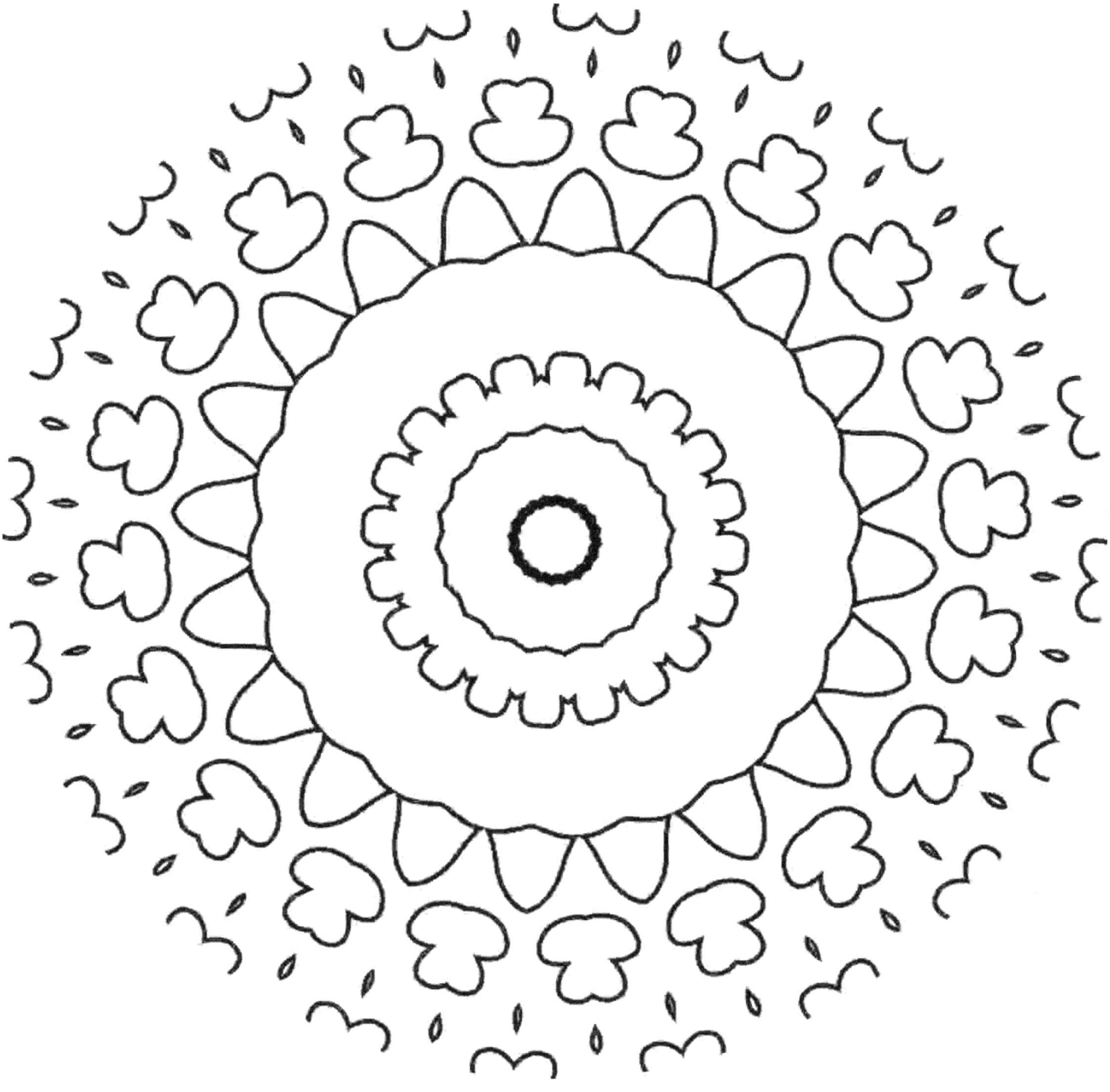

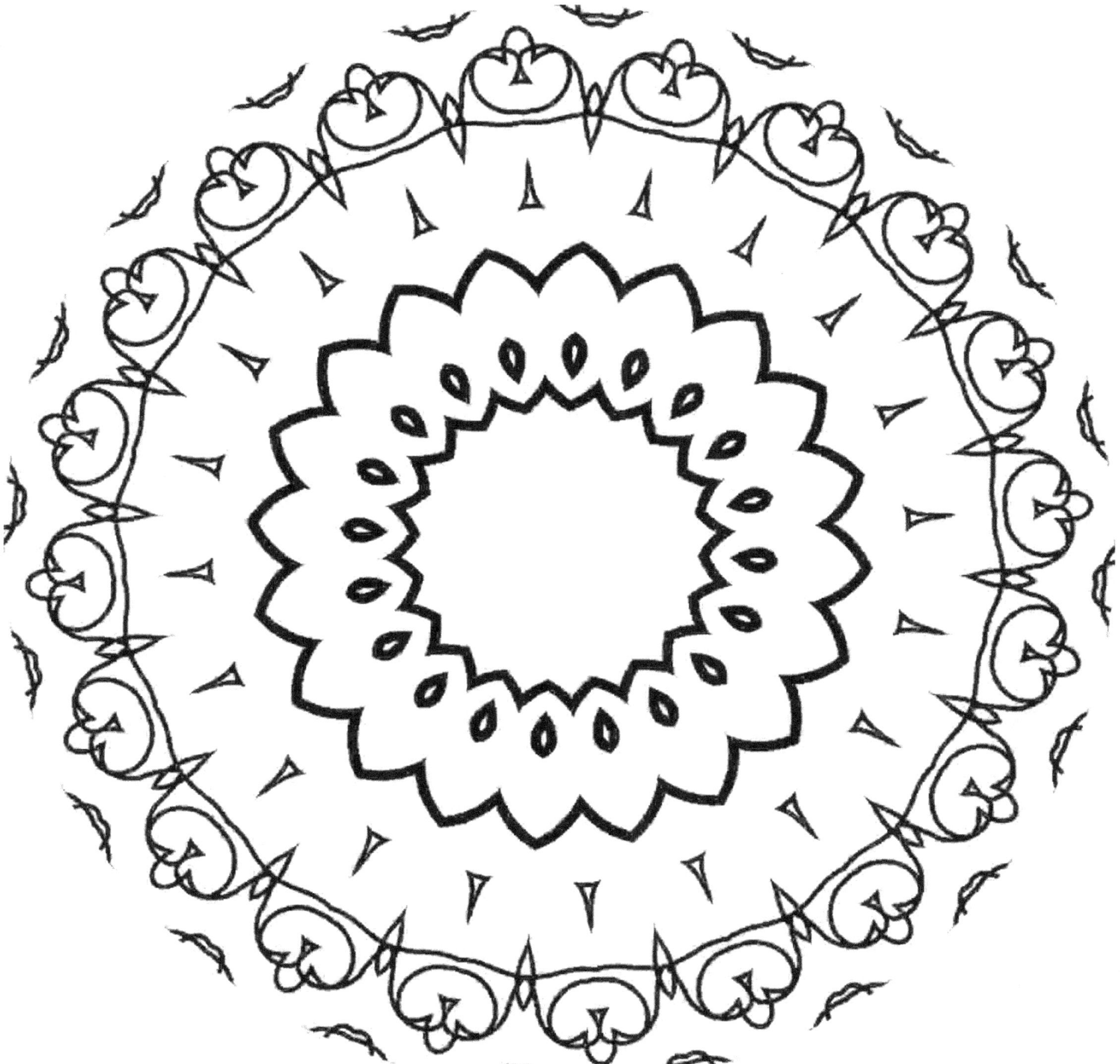

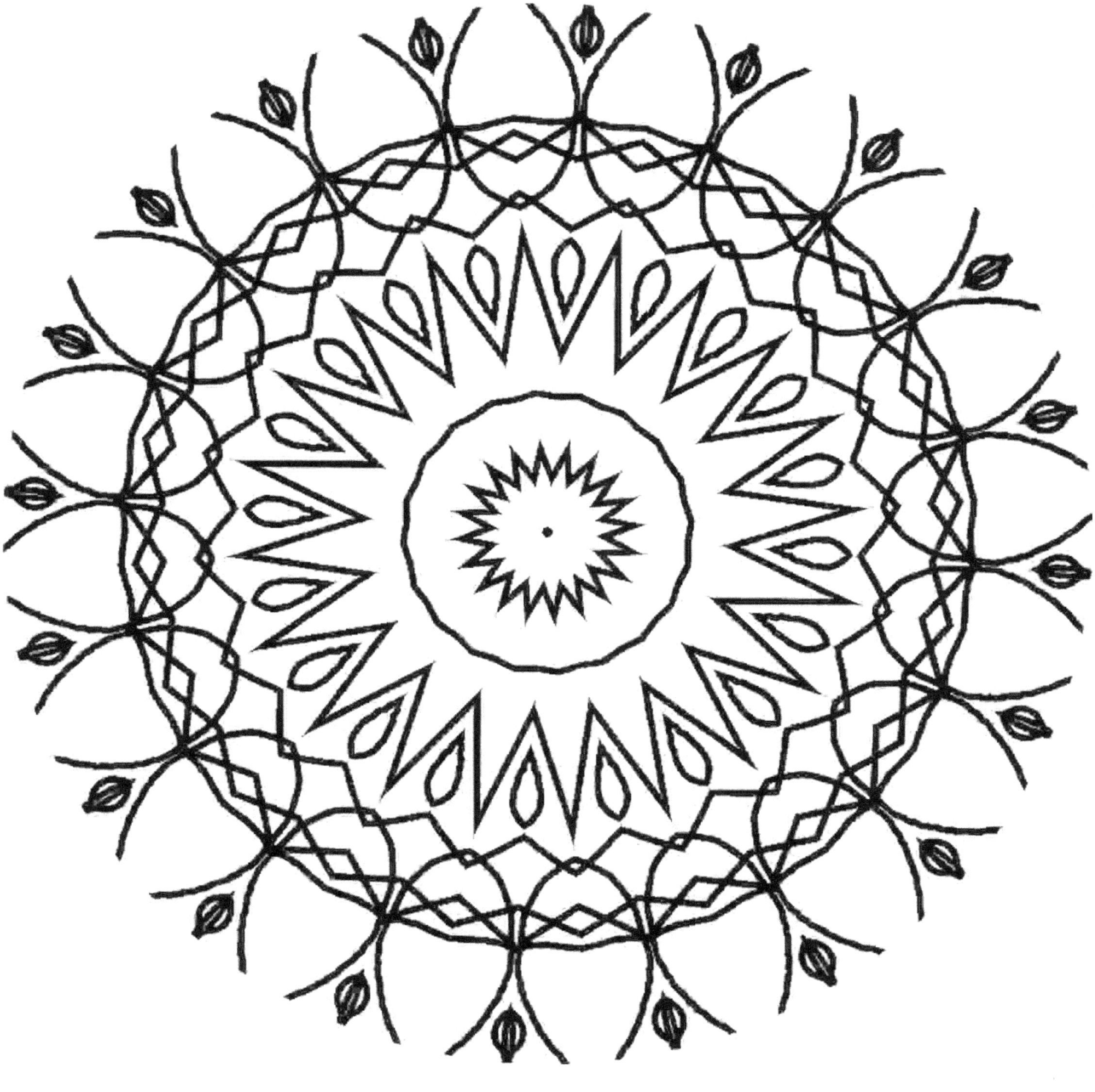

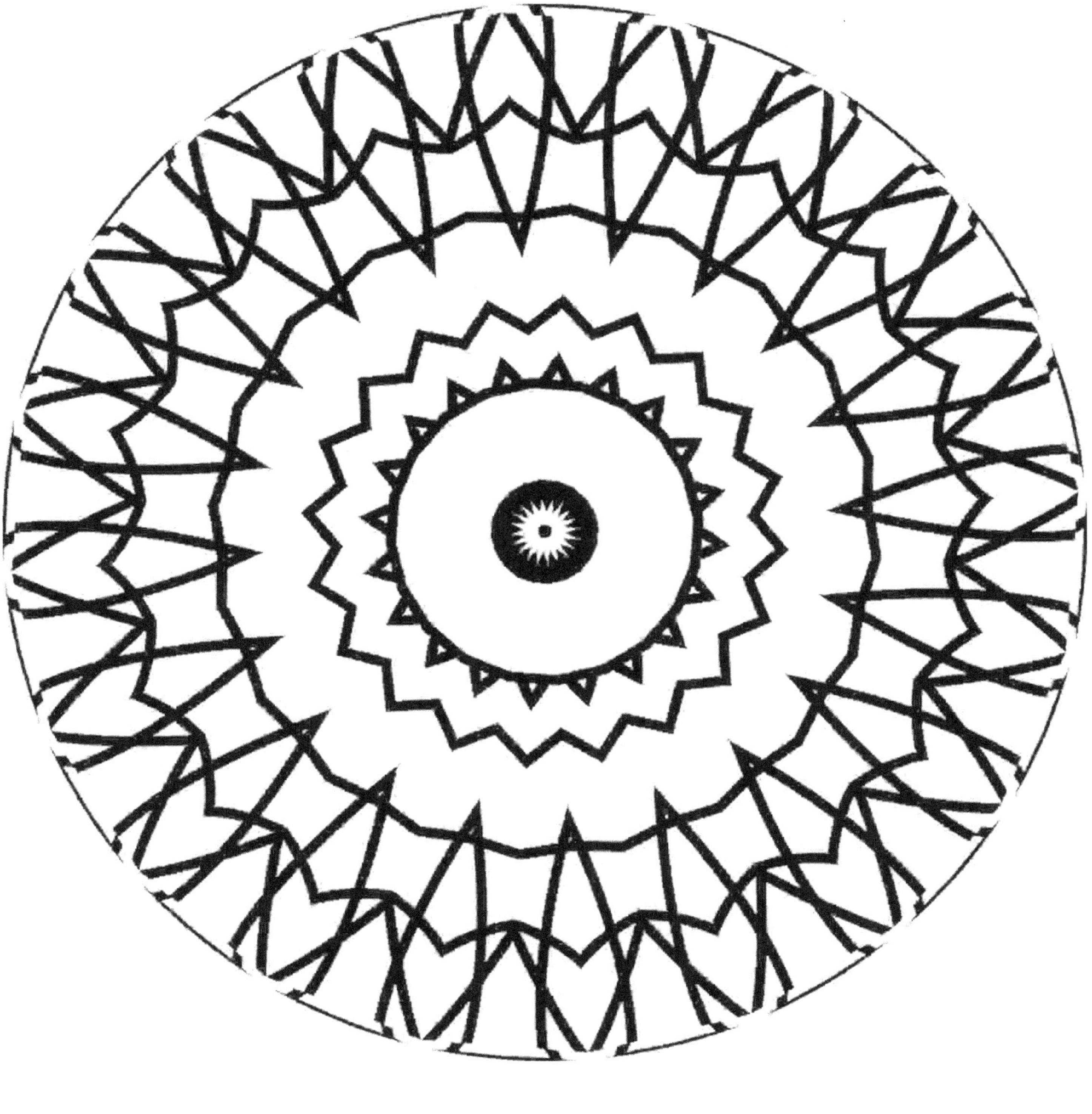

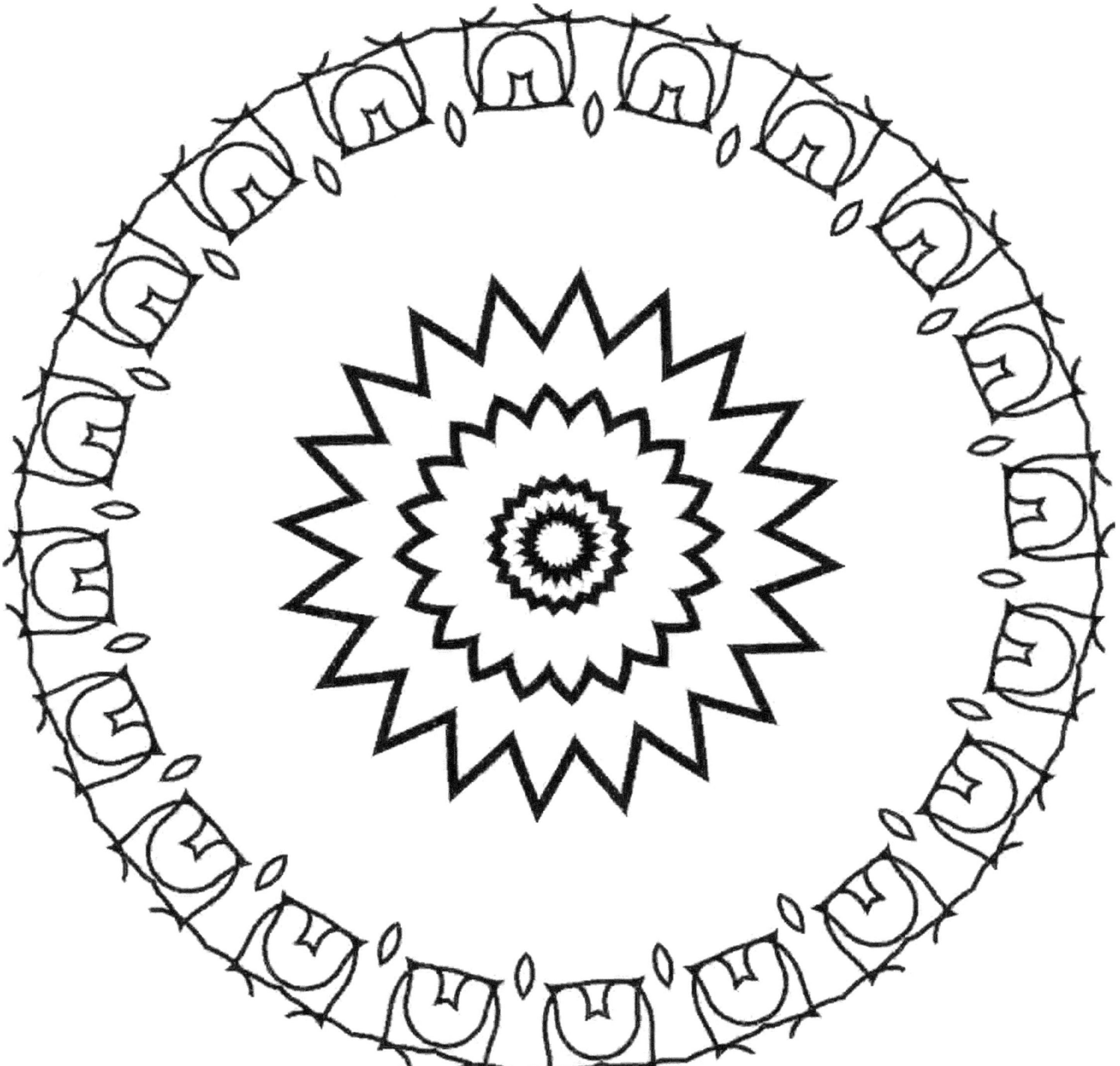

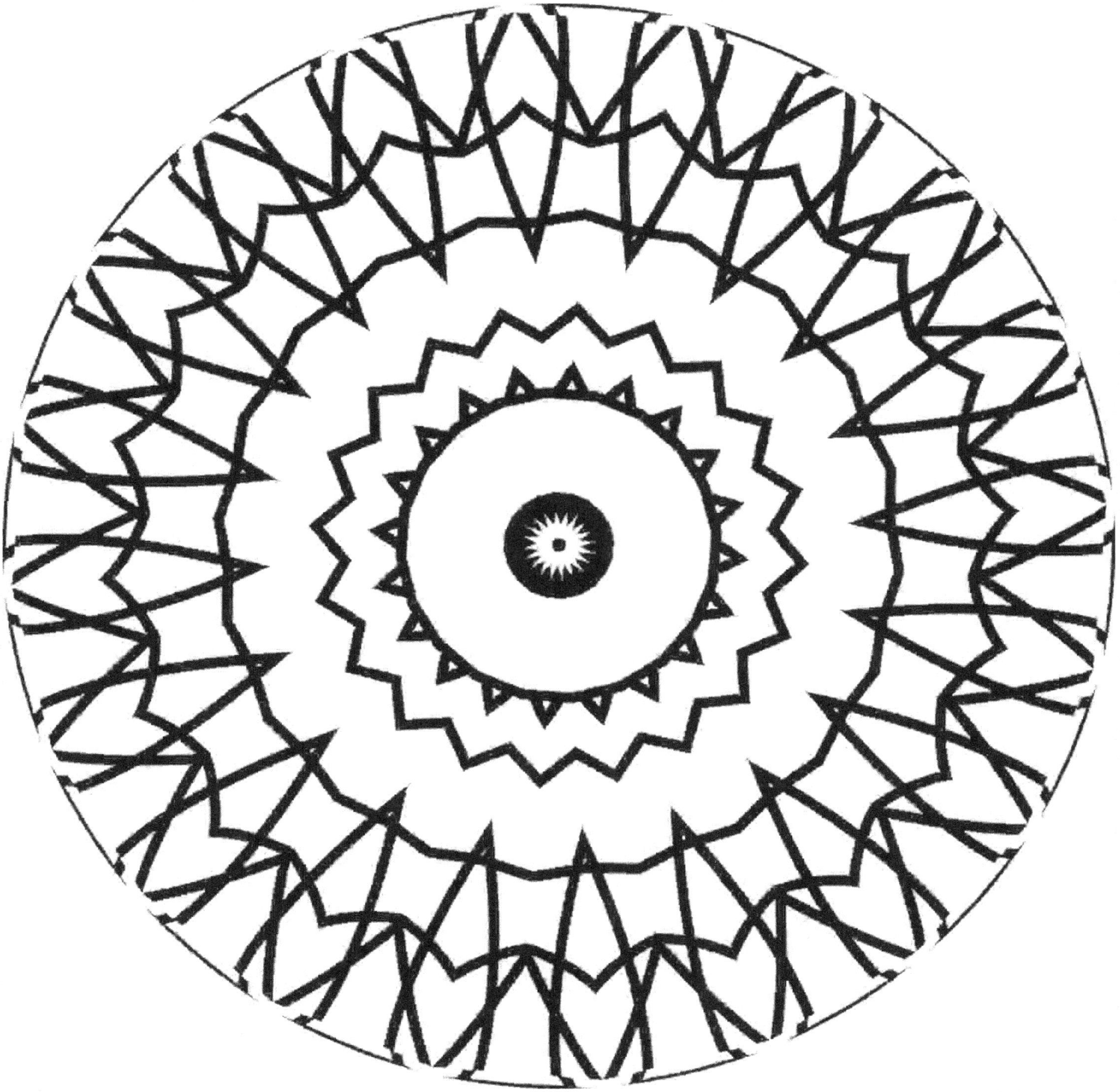

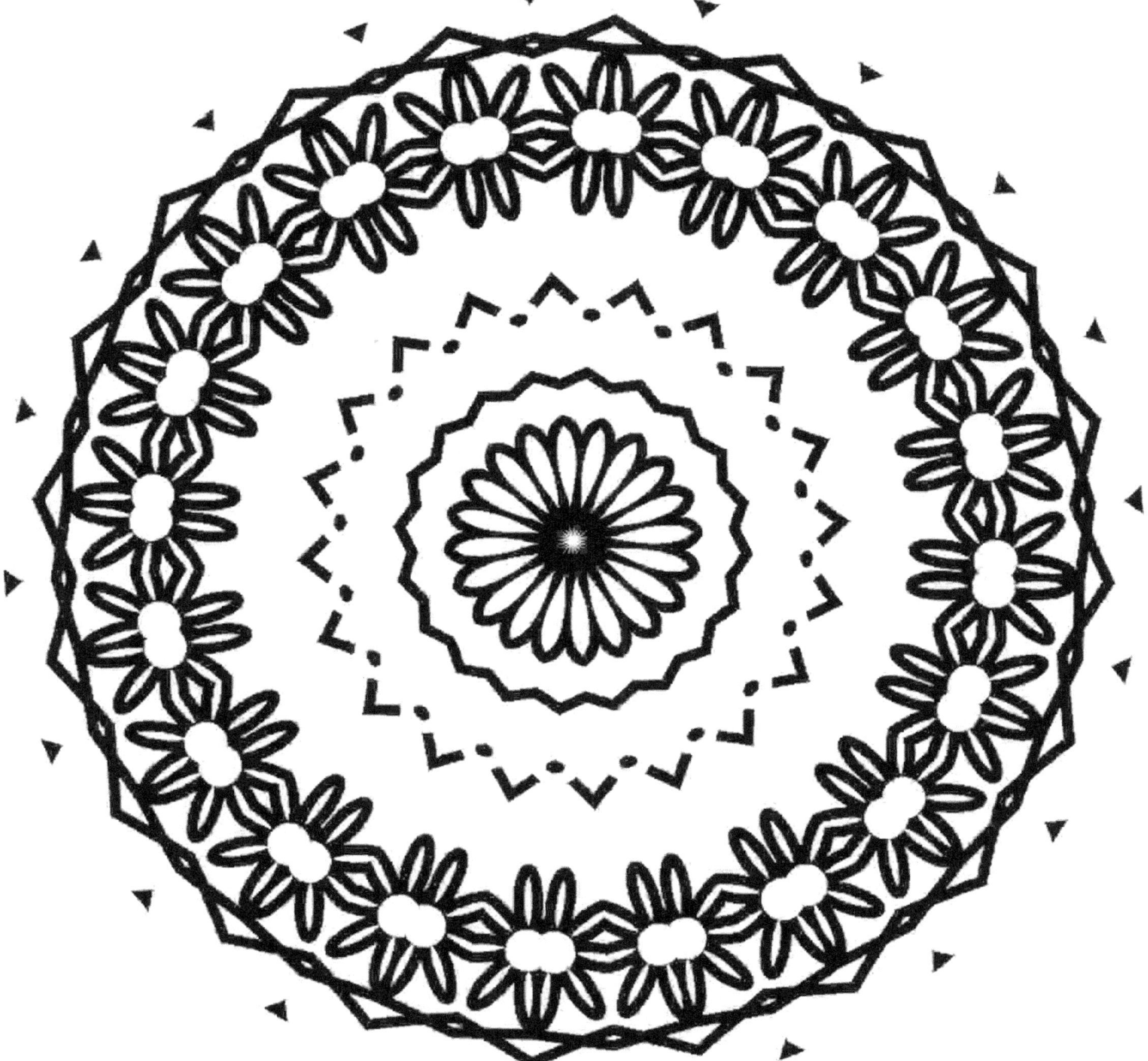

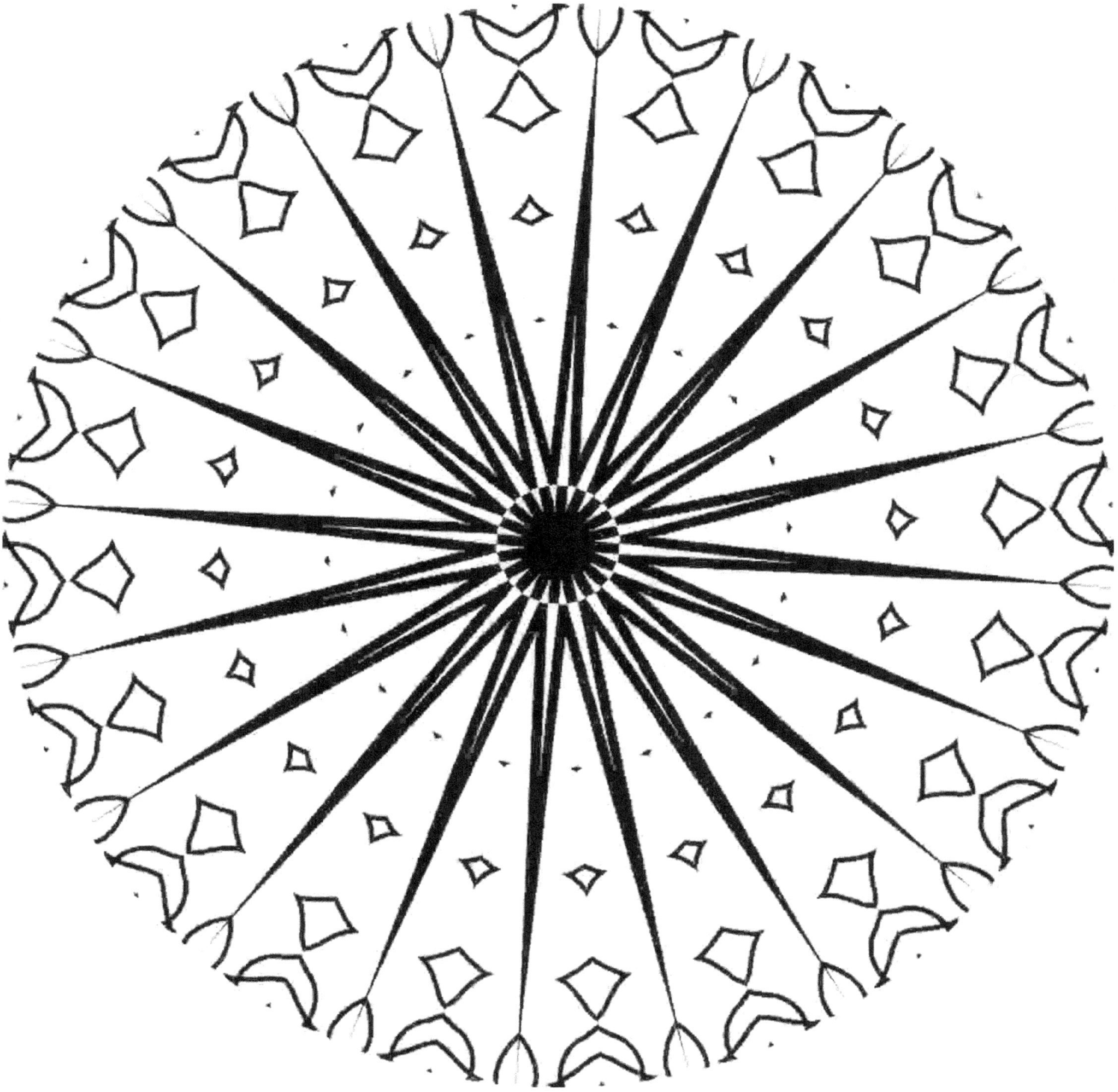

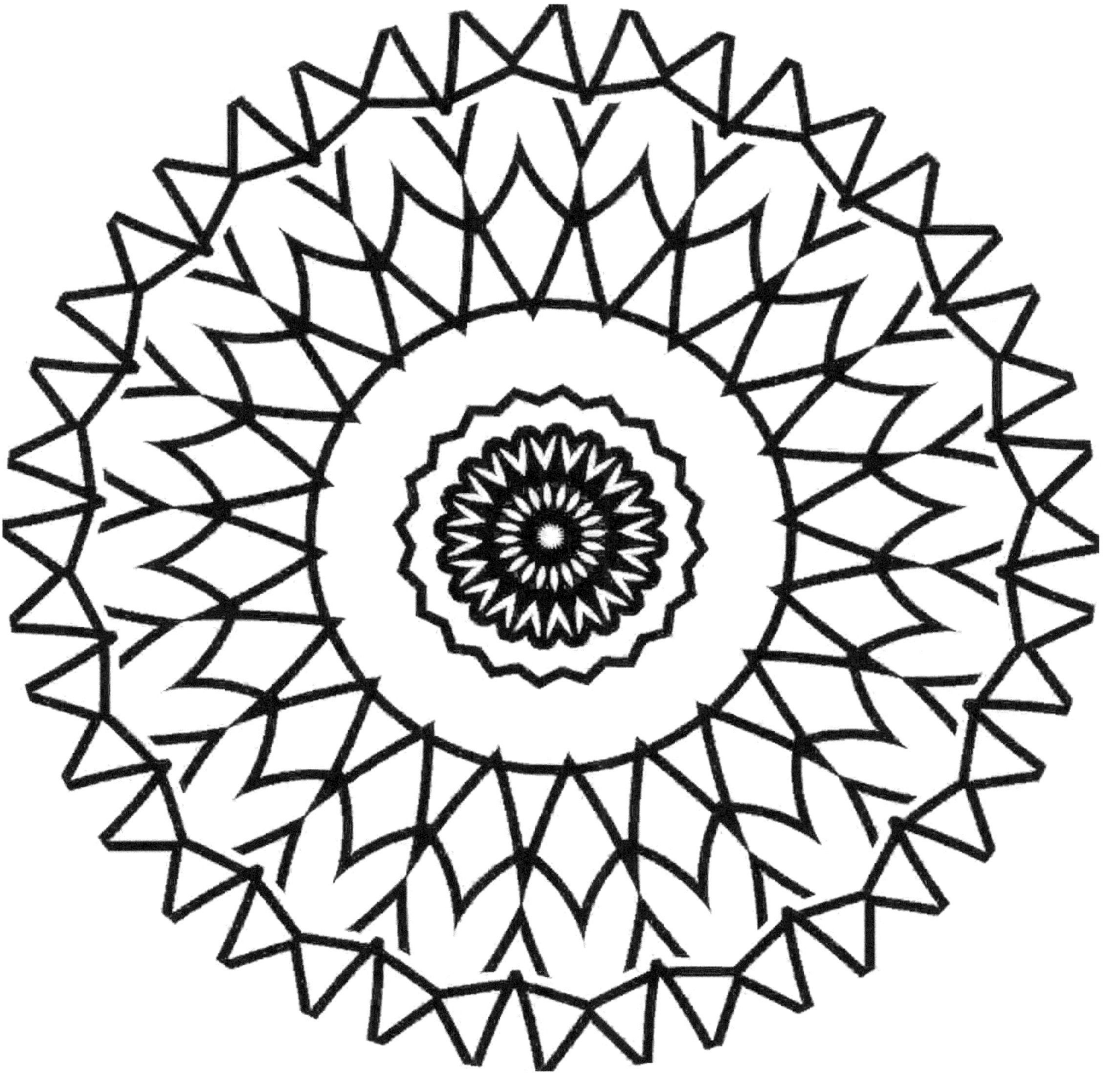

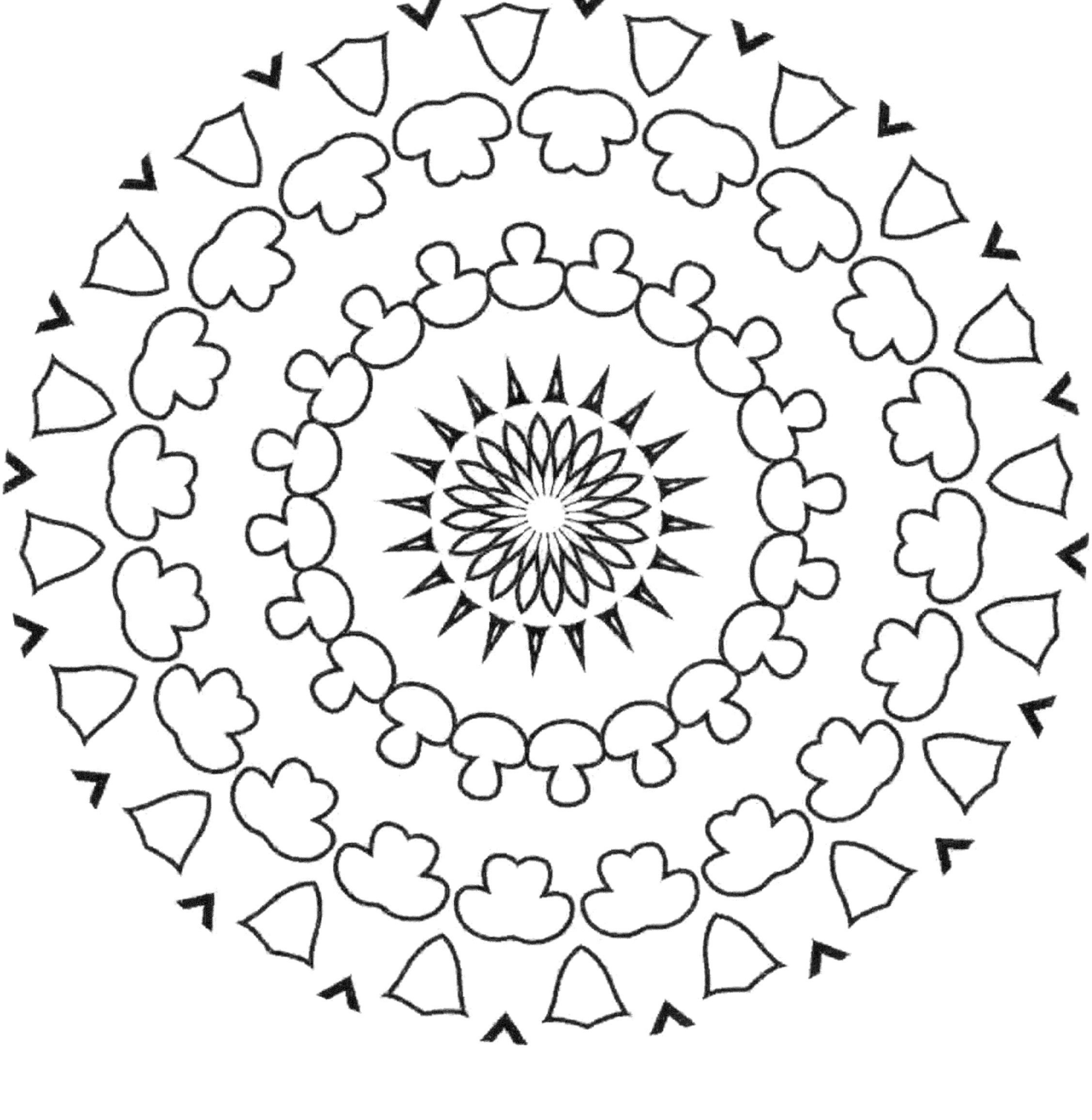

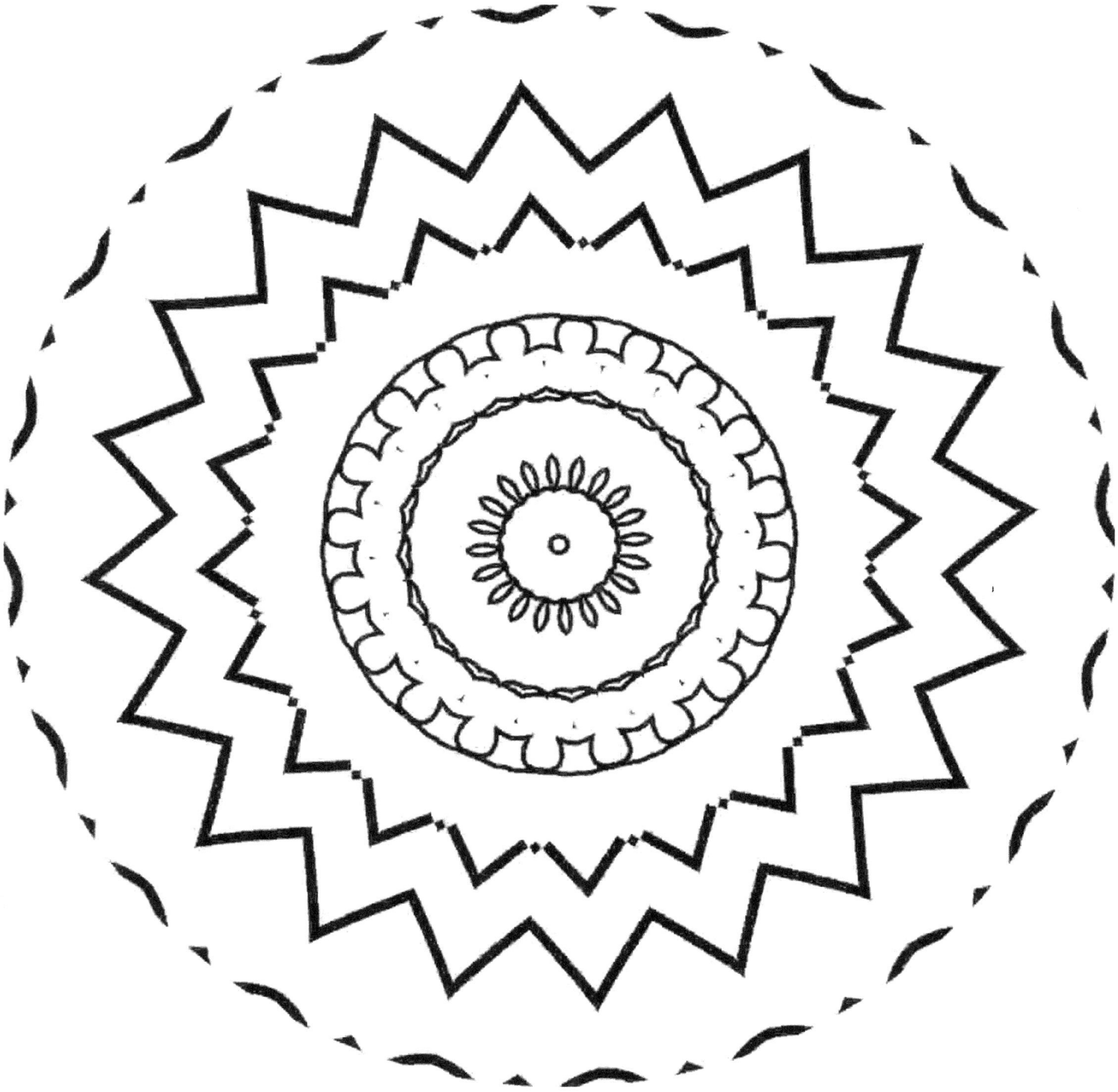

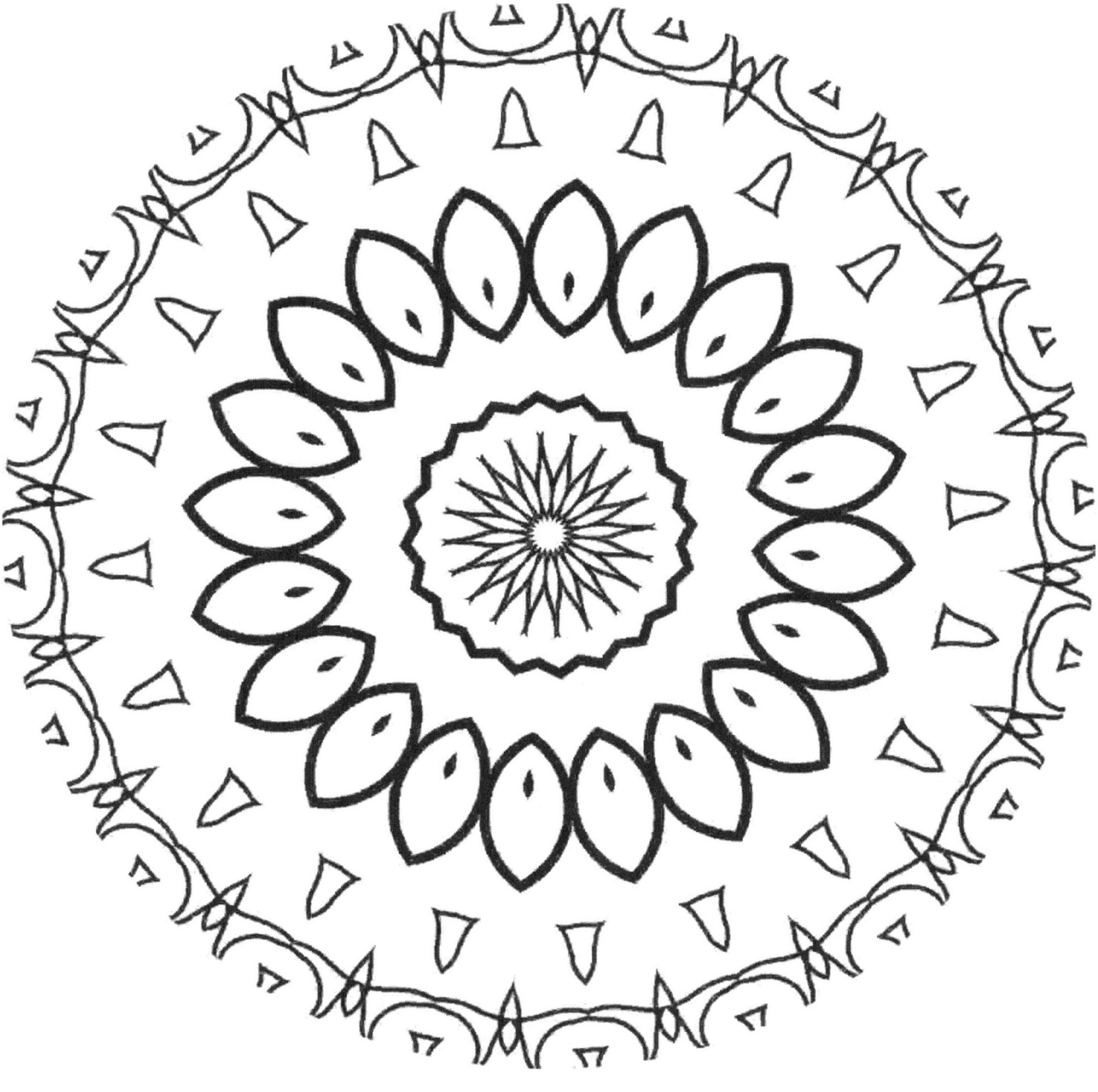

www.ingramcontent.com/pod-product-compliance
Lightning Source LLC
Chambersburg PA
CBHW081529220526
45467CB00010B/3099
* 9 7 9 8 7 2 1 9 6 1 0 5 2 *